# ARQUEOLOGÍA COMERCIAL:
# DINERO, ALIENACIÓN Y ANESTESIA

Primera edición: agosto de 2017

© Edición:
JAS Arqueología S.L.U.
Plaza de Mondariz 6, 28029 Madrid
www.jasarqueologia.es
Edición: Jaime Almansa Sánchez
Corrección: Daniel García Raso

© Texto: Los autores

ISBN: 978-84-16725-06-9
Depósito Legal: M-24614-2017

Impreso por: Service Point
www.servicepoint.es

Impreso y hecho en España - *Printed and made in Spain*

# ARQU€O£OGÍA COM€RCIA£

## DIN€RO, ALI€NACIÓN ¥ AN€$T€$IA

JOSÉ ROBERTO PELLINI
(Coord.)

# ÍNDICE

# PREFACIO

# ARQUEOLOGÍA COMERCIAL: DINERO, ALIENACIÓN Y ANESTESIA

**José Roberto Pellini**

*Laboratorio de Arqueología Sensorial*
*Universidad Federal de Sergipe*

La historia de este libro es antigua. Todo comenzó en 2014, durante el Congreso de Teoría Arqueológica de América del Sur, TAAS, realizado en Chile. En aquella oportunidad fui invitado a hablar en una mesa redonda que tenía como objetivo hacer un panorama sobre la arqueología que se desarrollaba en América del Sur en aquel momento. Estaban presentes varios arqueólogos latinoamericanos, cada uno hablando sobre sus propias realidades nacionales. Yo, como brasileño, debía hablar sobre la arqueología que se estaba practicando en Brasil. Hice un pequeño giro sobre cuestiones teóricas, mostrando cómo la arqueología brasileña todavía utiliza en su extensa mayoría enfoques histórico-culturales, hablé un poco sobre cuestiones metodológicas, sobre el régimen de publicaciones, sobre la creación de cursos de graduación en arqueología, pero *no* era sobre eso que realmente quería hablar. Quería hablar de mis angustias frente a los cambios por los que pasaba la arqueología brasileña con el advenimiento de la llamada arqueologíacomercial. Yo quería exponer que, a pesar del hecho de que la arqueología comercial representara cerca del 90 % de toda la arqueología hecha en Brasil, eran pocas y timidas las discusiones sobre este tema. Todo parecía hermoso y maravilloso. Parecía que nadie se molestaba con todo lo que estaba ocurriendo. Pero al mismo tiempo lo que veía era que en los bastidores, arqueólogos y estudiantes estaban preocupados y no entendían como hacer frente a tantos cambios. ¿Criticar y quedarse sin empleo? ¿Defender y ser cómplice de las ideologías de mercado?

Nacida de las discusiones prevervacionistas que surgen del desarrollo económico del Estado moderno, la llamada arqueología comercial, siguiendo una lógica de mercado que tiene como objetivo maximizar las relaciones de costo-beneficio, estaba alterado profundamente las prácticas disciplinarias en Brasil. Me sentía angustiado al ver a los arqueólogos, como yo mismo, transformándose en obreros al servicio del capital, al ver las materialidades transformarse en producto, al ver la arqueología transformándose solo en un conjunto de técnicas, al ver arqueólogos conniventes con políticas progresistas que resultan en prácticas extractivas y comunidades desalojadas de sus casas, de sus lugares de memoria.

Mis angustias tuvieron eco no solo entre los arqueólogos en la mesa, sino también entre el público que estaba presente, entre ellos muchos alumnos. Pude ver que aquella realidad que vivía era algo mayor y estaba presente en muchos lugares, de modos diferentes pero siguiendo siempre la misma lógica predatoria. Al final de las discusiones se decidió que formaríamos un foro permanente en el TAAS para continuar debatiendo sobre la arqueología comercial y sus consecuencias.

Cumpliendo las ideas lanzadas en Chile, el TAAS de Bolivia en 2016 amplió las discusiones trayendo para el debate no solo arqueólogos, sino estudiantes, líderes comunitarios y empresarios. El foro duró un día entero y discutió temas como la relación entre la universidad y las empresas de contrato, el papel de las empresas en la formación de los arqueólogos, los aspectos éticos de la práctica de la arqueología comercial, el papel de los arqueólogos y de las comunidades tradicionales frente a las políticas de desarrollo o las cifras millonarias involucradas en los contratos de la arqueología commercial.

Me ha quedado muy claro después de tantos debates que la arqueología comercial, al tomar prestados del capitalismo su filosofía y sistema de trabajo, asumió un carácter serial e industrializado, donde la fragmentación, mecanización y repetición condicionada sustituyeron a la experiencia y a la imaginación. Así, como el operario delante de la línea de producción, el arqueólogo se comporta automáticamente delante de la máquina, que aquí es el propio sistema de mercado que rige las relaciones dentro de la arqueología comercial, aniquilando el tiempo y valorizando apenas el capital. La mecanización que las prácticas de mercado imponen sobre la arqueología a través de las prácticas repetitivas y respuestas entrenadas entorpecen el cuerpo, adormecen el organismo, insensibilizan los sentidos y reprimen la memoria causando una total anestesia. Este proceso de anestesia hace al arqueólogo susceptible a la manipulación política y económica al perjudicar su capacidad de determinar las directrices y agendas de la investigación. Tomando prestadas las ideas de Lukács (1979) sobre el capitalismo, podemos decir que los procesos que rigen la arqueología comercial, presentan importantes consecuencias psicosociales: 1) la progresiva sustitución del carácter cualitativo del trabajo por sus aspectos cuantitativos (con profundo impacto sobre la experiencia de trabajo); 2) la formación de una experiencia social de pasividad en función del carácter autónomo y destacado de los procesos económicos; y 3) la dificultad de aprehensión del movimiento histórico de los fenómenos sociales, una vez que la objetivación de las relaciones sociales nos acostumbra a categorías estancas de entendimiento del mundo.

Me ha quedado claro también que el pensamiento que organiza y comanda la arqueología comercial es incapaz de relacionarse con la alteridad del mundo, pues su objetivo es funcional, o sea, aumentar la eficiencia de los mecanismos productivos para poder lucrarse cada vez más. De esta manera, el trabajo se planifica sobre la base de un cálculo racional de la rentabilidad y no sobre la base de las especificidades científicas, sobre las cuestiones que se quieren o no responder sobre la investigación. No es del investigador que parten las cuestiones, es del área de investigación, delimitada, circunscrita y que muchas veces ni es de interés del investigador. No importa la formación de conocimiento, no importan las preocupaciones científicas, lo que importa es tan solo el lucro, dominar el mercado, y estar presente en la mayor cantidad de lugares y contratos posibles, no para que así se produzca un panorama sobre la arqueología local, sino para generar lucro.

Hemos identificado y excavado miles de sitios con la arqueología comercial en estos veinte años, hemos analizado cientos de miles de materialidades y me pregunto: ¿qué surgió de estos estudios? ¿Se ha producido algún nuevo marco general sobre la ocupación humana en los diferentes países donde la arqueología comercial está presente? Se dice en defensa de la arqueología comercial que ella ha llegado donde nunca la arqueología convencional llegó. Cierto, pero ¿para qué llegó?

Necesitamos despertar de nuestro estado de anestesia y alienación. Esta al final es la propuesta de este libro: despertarnos de la anestesia que nos tomó cuenta dentro de la práctica arqueológica. Necesitamos enfrentar y crear soluciones. Necesitamos no escondernos en nuestros gabinetes y laboratorios como si nada estuviera sucediendo. Es necesario y debemos hablar de eso. Discutir no solo la arqueología comercial sino la arqueología de modo general, porque muchos de los problemas que están presentes en la arqueología comercial también están presentes en la arqueología académica.

## Referencias

LUKÁCS, G. 1979. *Ontologia do Ser Social. Os Princípios Ontológicos Fundamentais de Marx.*Livraria Editora Ciências Humanas: São Paulo.

# INTRODUCCIÓN

# NOTAS SOBRE ARQUEOLOGÍA COMERCIAL

**Cristóbal Gnecco**

*Universidad del Cauca*

Empiezo estas notas diciendo que uso el término «arqueología comercial» para no desentonar del título del libro, pero hubiese preferido usar "arqueología de (o por) contrato" porque me parece más preciso para retratar lo que está sucediendo a nivel mundial, es decir, la práctica comercial de los arqueólogos (de la inmensa mayoría de los arqueólogos) bajo formas contractuales en las que las empresas de desarrollo pagan por su trabajo y lo determinan y miden en términos casi exclusivos de eficiencia mercantil y en las que los arqueólogos ofrecen un servicio técnico que produce informes que permiten la liberación del suelo. Como dijo Carlos Fausto (2017: 301): «en la ciencia de contrato lo más importante es el contrato y no la ciencia». Hecha esta precisión me gustaría señalar tres características básicas que definen la arqueología comercial: el lucro, el servilismo y la tecnificación.

Empecemos con el lucro, el lugar por donde debe comenzar cualquier análisis no disciplinario de la arqueología comercial, como el que intento hacer. A pesar de lo que los arqueólogos comerciales digan a favor de su práctica (que salva el registro arqueológico amenazado por el desarrollo; que permite la presencia de la disciplina en escenarios en los cuales antes no estaba, incluyendo el corporativo; que potencia su trabajo en ámbitos más amplios, sobre todo patrimoniales y educativos) no podrán ocultar jamás que en su relación de trabajo con las empresas que los contratan el elemento fundamental de articulación es el lucro económico: los arqueólogos prestan un servicio y cobran por él; las empresas necesitan un servicio y pagan por él. Los arqueólogos se lucran de su trabajo, pues, lo que no sería nada distinto de lo que hace un profesor universitario (da clases y le pagan por ello) si es que aquí, en el caso de la arqueología comercial, no se tratara de una operación puramente capitalista: aquí, en el escenario del contrato, aparece la fórmula dinero-mercancía-dinero (la que pone en marcha la parte arqueológica que contrata, constituida como empresa o no) junto con la más extendida de mercancía-dinero-mercancía (la que ponen en marcha los empleados contratados: arqueólogos-obreros junto con un grupo amplio de técnicos y obreros no calificados, por lo menos no en términos disciplinarios). El excedente de dinero que aparece al final de la primera fórmula, el plusvalor, es producido por los usuarios de la segunda fórmula pero no es apropiado por ellos sino por el arqueólogo que los contrata para realizar un trabajo específico (sondeos, levantamientos topográficos, excavaciones) que, por lo demás, es evaluado en términos de rendimiento. El arqueólogo que contrata se convierte, así, en un señor capitalista que usurpa el excedente de valor producido por sus empleados, lo que es aún más dramático si esos empleados son también sus estudiantes —en el muy frecuente caso de que el arqueólogo que contrata sea, además, profesor universitario—. El conocimiento del arqueólogo, devenido en práctica por el trabajo de sus empleados, se traduce en lucro económico cuando los productos que ofrece después de las labores estipuladas en el contrato (usualmente un informe, cuando no algún otro producto igualmente contencioso, como un peritaje en un escenario judicial) son pagados por las empresas contratantes. En el proceso que conduce al lucro económico todo adquiere un carácter mercantil: el arqueólogo que contrata, el arqueólogo-obrero contratado, el experto, el obrero no calificado, el sondeo, la excavación, el informe, el peritaje, todo realiza su valor en el mercado, es decir, aparece en la escena del mercado gracias a su carácter premeditado de mercancía. Nunca antes, en los casi trescientos años de existencia de la disciplina, el conocimiento arqueológico había abandonado su pretensión de trascendencia para descender, sin ruborizarse, al muladar tan terrenal del intercambio mercantil donde lo único que puede pasar, desde luego, es que salga perdiendo. La arqueología no está diseñada para participar en ese intercambio, en el que solo ofrece sus servicios (y obtiene por ellos jugosas recompensas) pero en el que no participa como un jugador con las mismas armas y criterios de la parte que se sitúa al otro lado; al fin y al cabo, su trato íntimo con el capitalismo era apenas filosófico y ahora pretende ser comercial. En fin, en la arqueología comercial el dinero subordina las preocupaciones del arqueólogo: registro arqueológico, pasado, conocimiento, patrimonio. Eso pasa cuando todas las fases del trabajo arqueológico, todas, se definen y realizan bajo la forma de mercancía.

El lucro económico de los arqueólogos comerciales deriva de una relación de subordinación que constituye la segunda característica que quiero mencionar. Las empresas de desarrollo tienen que cumplir una exigencia de las normativas ambientales: las evaluaciones arqueológicas. Aparte de la extraordinaria curiosidad de que la arqueología, tan parte de la cultura en su condición de disciplina moderna, esté enredada en este asunto con la naturaleza (una curiosidad que no exploraré aquí pero que requiere la debida atención analítica) lo cierto es que las empresas de desarrollo acuden a los arqueólogos (o no tan arqueólogos, lo que se traduce en obscenas preocupaciones gremiales, como las tarjetas profesionales) para que les presten el servicio que necesitan. Esa búsqueda de las empresas, que se hace con una única necesidad en mente (el informe liberador del suelo) y por cuya realización pagan, determina una relación de una sola vía: en la arqueología comercial no hay interlocución sino servilismo. Los pagos que se realizan en el marco de los contratos son, a veces, escandalosamente generosos, lo que de entrada resulta sospechoso porque eso tiene un marcado sabor de silenciamiento, de soborno. Las empresas que pagan sumas tan gruesas por los informes de los arqueólogos solo esperan, ni más faltaba, que esos informes complazcan sus pretensiones: el servicio prestado y pagado produce el resultado que las empresas necesitan. Las excepciones, que las hay, confirman la regla. (Este asunto sería distinto, quizás, si no fuesen las empresas las que pagasen sino, por ejemplo, el Estado). Esto no es todo. El servilismo resulta trágico para la independencia de la arqueología, alguna vez tan cacareada que llevó, incluso, a su alejamiento de la antropología. El papel rector de la arqueología en las políticas históricas (y ontológicas) de la modernidad se ha convertido en un papel servil ante el desarrollo —al que antes dotaba de sentido y destino y al que ahora sirve a cambio de propinas—. La arqueología, pues, pasó de ser seria y autónoma a ser una cortesana más. Triste destino. En el giro contractual el compromiso de la arqueología ya no es con una entidad trascendente que representa al pueblo (la nación) sino con una entidad trascendente (el mercado) que controla la política y la sociedad. Pero la independencia disciplinaria no es la única perdedora. También pierden, lo que es mucho más grave, los delicados equilibrios planetarios, es decir, las relaciones entre conocimiento, sociedad y naturaleza. El servilismo de los arqueólogos comerciales les ha llevado a tomar partido por los proyectos de desarrollo a expensas de la vida en relación de muchas comunidades con su entorno; su comisión explícita con el desarrollo los ha hecho partícipes de desplazamientos, desafueros ambientales, vulneración de la vida y de la dignidad. Pero los arqueólogos comerciales se lavan las manos y lo hacen con el jabón de la tecnificación, la tercera y última característica que quiero discutir.

La tecnificación es típica de la arqueología comercial pero no es un invento suyo: la define porque opera en un campo más amplio que, para efectos de brevedad y precisión, llamaré moderno-capitalista. La relación de la arqueología con la técnica es creciente, cada más apabullante. Pero no es la relación la que me preocupa, claro, porque las técnicas jalonan cada uno de los pasos de la historia humana. Lo que me preocupa es la dirección y el destino que ha tomado. La arqueología pretende que sus procedimientos de investigación se han vuelto autónomos por medios técnicos, lo que ayuda a ocultar que están vinculados a la cosmología penetrante y poderosa de la modernidad. Así se los presenta como meras operaciones técnicas en un vacío cultural. El sujeto que representa (el arqueólogo) es desterrado de la escena de la representación y sustituido por máquinas, protocolos y técnicas de todo tipo. La autonomización de las representaciones (en este caso arqueológicas), el sueño soñado de la modernidad, ha sido finalmente alcanzado. El arqueólogo ha perdido cualquier rastro de estatus ontológico al convertirse en un intermediario neutral (inexistente, en realidad; un ser fantasmagórico) en lugar de un mediador creativo, al convertirse en el apéndice inanimado de un aparataje que excede en técnica lo que esconde de ideología. Este sueño moderno se realiza de manera aún más dramática en la arqueología comercial porque desde el inicio (incluso antes de firmar el contrato) se define como un simple servicio técnico. La autonomización técnica de las operaciones de la arqueología comercial (fechas, tipologías, reportes) le permite creer que no representa a nada, a nadie —cuando ya sabemos que representa al desarrollo, por más que trate de esconderlo—. La tecnificación no es el medio al que acuden los arqueólogos comerciales para alcanzar certeza en sus representaciones o, para ponerlo en la parla del saber moderno, para volverse más científicos (algo que, por lo demás, place mucho a las compañías contratantes porque les encanta contar con reportes producidos por sujetos tan irrefutablemente modernos); más bien, la adoptan con regocijo porque les permite tener la ilusión de que solo son un instrumento inocente, neutro y objetivo (pero determinado y evaluado por administradores y gerentes situados muy por encima suyo).

Así definida, la arqueología comercial adquiere un carácter típicamente moderno y típicamente capitalista. Presentadas estas características mínimas, pero necesarias y suficientes, puedo entonces entrar en el terreno gramatical. ¿Por qué hablamos de arqueología comercial, en primer lugar? ¿Por qué adjetivamos a la arqueología en este caso? Desde hace un tiempo el sustantivo *arqueología*, que reinó por más de dos siglos de manera solitaria, ahora aparece acompañado por otros términos. El sustantivo ha sido adjetivado. Si algo adjetivo es algo no esencial y secundario es fácil entender por qué la arqueología ha dejado (¿ha buscado?) ser adjetivada:

pues porque no corre riesgo alguno de ser transformada. Al fin y al cabo los adjetivos que se le añaden no son esenciales, son secundarios y no son parte de su naturaleza. Son accesorios, digamos, algo de lo que puede prescindir en cualquier momento y por cualquier necesidad. Se trata, cómo no, de adjetivos (supuestas modulaciones que no lo son) de un sustantivo que, en realidad, permanece intocado. El poder disciplinario es tan fuerte que el sustantivo no es cuestionado ni conmovido por los adjetivos que lo acompañan. Me parece, más bien, que lo refuerzan, que le prestan apoyo, que lo legitiman. Eso sucede con adjetivos como comercial, contrato, rescate. ¿Qué transforman del sustantivo arqueología? Nada estructural. Lo modulan, es decir, lo especifican y particularizan. Hay más. Boaventura Santos (2011: 26) señaló:

> Hay que tener en cuenta que los sustantivos aún establecen el horizonte intelectual y político que define no solamente lo que es decible, creíble, legítimo o realista sino también, y por implicación, lo que es indecible, increíble, ilegitimo o irrealista. O sea, al refugiarse en los adjetivos, la teoría acredita en el uso creativo de la franquicia de sustantivos pero, al mismo tiempo, acepta limitar sus debates y propuestas a lo que es posible dentro de un horizonte de posibilidades que originariamente no es lo suyo.

Así, el sustantivo arqueología aún define lo que es «decible, creíble, legítimo o realista» y, gracias a la estructura binaria de sentido de la modernidad, lo que es «indecible, increíble, ilegitimo o irrealista» en términos de la historia profunda que reposa en la materialidad de su registro. Pero eso no es de extrañar porque ese es, justamente, el papel de las disciplinas y, sabemos, la arqueología es una disciplina moderna. Lo que es en verdad útil para estas notas es la segunda parte de la cita: los adjetivos son plenamente funcionales a la existencia de los sustantivos; es más, son cada vez más funcionales porque permiten su entrada en mundos previamente desconocidos o raramente visitados. Muy bueno esto de Santos, y muy oportuno. Con su adjetivación como «comercial» la arqueología abre un nuevo horizonte de posibilidades que antes no conocía (el del intercambio mercantil, donde amplía su definición, ahora como prestataria de un servicio técnico a los proyectos de desarrollo) y establece un nuevo criterio de lo posible que le permite limitar «sus debates y propuestas». En la arqueología comercial, sin embargo, no hay discusión; en sus filas reina el consenso sobre propósitos y sentidos. Los debates y propuestas suelen estar centrados en asuntos contenciosos internos que buscan precisar o limitar la práctica comercial: democratización del mercado de contrato (para evitar que las compañías grandes se queden con la parte del león, hagan competencia desleal e impongan procedimientos de cartel); exclusión de algunos de sus practicantes en términos profesionales (lo que no busca, desde luego, mayor sofisticación epistémica sino mayor vigilancia disciplinaria); y establecimiento de estándares mínimos de trabajo de acuerdo con las características del momento de las relaciones capitalistas. Son ilustrativos, esos debates: son gremiales, sin duda, pero también son marcadamente corporativos —y esta es una novedad a la que la disciplina parece haberse acostumbrado, y no a regañadientes—.

Sin embargo, la nueva fase corporativa de la arqueología ha empezado a preocupar a los arqueólogos comerciales debido al rumbo, probablemente imprevisto, que ha tomado su práctica. Sus preocupaciones tienen que ver con las actuales condiciones de trabajo (sobre todo porque son precarias e inestables) y con la alienación que producen en el arqueólogo-obrero. Sus preocupaciones, pues, son capitalistas y están orientadas a revertir la situación en términos laborales —no a cambiar las condiciones que permiten la existencia de la arqueología comercial sino las condiciones que establece la arqueología comercial—. Pero la alienación no debería ser sorpresiva en este contexto: al fin y cabo, es un producto típicamente capitalista y la arqueología comercial opera en ese ámbito. Los arqueólogos la encuentran sorpresiva, más bien, porque no la habían sentido antes de la aparición de la práctica comercial. ¡Vaya monstruos que salen cuando se abre la caja de Pandora de las relaciones mercantiles! Antes, cuando los arqueólogos eran arqueólogos a secas, su relación con eso que estudian (registro, pasado) era estrecha y directa y solían tener el control de su producción —que, por más esotérica que fuera su apariencia, tenía la ilusión de servir propósitos modernos de gran envergadura, como la identidad colectiva—. Ahora, en el marco de los contratos los arqueólogos-obreros se encuentran separados de su producción: hacen labores de campo, de laboratorio y, quizás, de escritura, pero no conocen la suerte real de su trabajo; no saben bien qué camino toma, a dónde va, qué uso le tienen reservado, en manos de quién termina. Cuando se enteran de algo de esto —cuando conocen la cruda realidad, cuando se dan cuenta de que hacen los oficios sucios que demanda el desarrollo— acuden a otra alienación, solo que esta vez de manera deliberada, como señalaré un poco más abajo. Esa situación tan angustiante ya la había descrito Marx (2006) en los manuscritos de 1844, en los que señaló cuatro tipos relacionados de alienación del individuo: con su trabajo, con el resultado de su trabajo, con sus capacidades y con sus colegas. Para Marx el origen de la enajenación estaba en la propiedad privada, esa cuña tremenda que separa a quien produce de quien consume. Lo que ocurre en la arqueología comercial no es una excepción: el pasado, esa cosa tan intangible pero tan disciplinariamente concreta, se ha convertido en mercancía en los circuitos de contrato por los que circula gracias a la propiedad de alguien sobre los medios de producción. No es que el pasado sea de la empresa que contrata, desde luego, sino que esta es dueña de los medios de producción (desde los equipos de campo hasta los contratos) que usa el arqueólogo-obrero. Es el movimiento de la propiedad privada el que produce la alienación del arqueólogo comercial. La propiedad privada que define qué se debe investigar, cómo, por cuánto tiempo, bajo qué condiciones. Pero hay otros dos tipos de alienación que no preocupan a los arqueólogos comerciales —puesto que no surgen de su relación con la propiedad privada sino de su trato más amplio, pero no pensado, con el contexto—: alienación frente a los procedimientos técnicos que usan para producir sus datos y alienación frente a las consecuencias de su trabajo. Sobre la primera ya hablé, tangencialmente, cuando me detuve en la tecnificación, así que no abundaré más sobre ella salvo para recordar que a través de la mediación técnica los arqueólogos comerciales pueden desaparecer de la escena; al fin y al cabo, son meros instrumentos de aplicación de instrumentos. Esta alienación conduce a la segunda: en la arqueología comercial los arqueólogos-técnicos se alienan de las consecuencias inmediatas de su trabajo en los ámbitos sociales y políticos pues su operación instrumental se supone neutra y objetiva, a diferencia de los arqueólogos académicos, las consecuencias de cuyo trabajo a menudo se diluyen en el tiempo y son, por lo tanto, bastante abstractas. Si la alienación de estos últimos es casi constitutiva, digamos, en los arqueólogos comerciales es un acto deliberado.

Los arqueólogos comerciales están preocupados, pues, y sus preocupaciones deben ser tomadas en serio. A mí me interesan, y mucho, como síntomas de lo que está sucediendo en el negocio. Pero también otros sujetos están preocupados; usualmente se trata de individuos que no están enmarcados en la práctica comercial pero a quienes preocupa esa práctica. La reciente ola de reflexión sobre la arqueología comercial (como este libro), entonces, debe catalogarse en dos grupos: por un lado están las reflexiones que se limitan a la práctica de la arqueología comercial; por el otro están las que se interesan por la arqueología comercial como práctica. Las primeras se deben a y existen solo dentro de la nueva cara que ha tomado la disciplina, la cara comercial. Dentro de este grupo hay dos subgrupos, usualmente concurrentes. Uno está compuesto por los arqueólogos comerciales (esos que ya presenté, inquietos por asuntos como la precariedad laboral, la alienación y la regulación del mercado de contrato) y otro por los arqueólogos a secas (a veces adjetivados como académicos), a quienes inquieta que la práctica comercial sea tan laxa en cuanto a estándares profesionales que llegue a ensuciar la existencia disciplinaria. Aunque interesados por asuntos aparentemente disímiles, en realidad concurren al mismo escenario, definido en términos disciplinarios: profesionalización, regulación, limitación. También les interesan los oficios compartidos como proveedores de insumos para la ontología (pos)moderna, aunque por distintas razones y desde distintas perspectivas. Este grupo, decía, está vivamente preocupado por las condiciones de la práctica comercial: cómo se desarrolla, quién la hace, bajo qué circunstancias, con qué resultados. Si sus preocupaciones no escapan a las cuidadas fronteras de la práctica disciplinaria no es sorpresivo que las soluciones que propone sean, también, disciplinarias y, por qué no, capitalistas. Propone una refundación de la práctica comercial alrededor de la dignificación laboral (empleos estables, mejor pagados, con prestaciones sociales) y de la recuperación de cierta independencia, aunque sea académica, y que se traduzca en la adopción definitiva de procedimientos estrictos y ordenados —esto es, profesionales—. Esta refundación aparece como respuesta a la crisis de la arqueología comercial en el mundo metropolitano y al revelamiento de sus límites en América Latina —donde, por lo demás, no solo no está en crisis sino que vive periodos de expansión en varios países—.

Los miembros del segundo grupo, en cambio, no hablamos de refundación. Nuestras reflexiones sobre la arqueología comercial como práctica están acompañadas de la crítica radical de su anidamiento en la modernidad y el capitalismo. Esa crítica señala que la arqueología comercial debe ser entendida (y medida) en su relación con el desarrollo y, por lo tanto, con sus consecuencias. Estas últimas, las consecuencias, son muchas y de gran escala, lo que impide a los arqueólogos comerciales profesar inocencia. En varios países (ese es el caso de América Latina) la práctica comercial de la disciplina está muy ligada al extractivismo, definido por Eduardo Gudynas (2013: 3) «como un tipo de extracción de recursos naturales, en gran volumen o alta intensidad, y que están orientados, esencialmente, a ser exportados como materias primas sin procesar, o con un procesamiento mínimo». Para Gudynas (2013: 5-6):

> La proliferación de emprendimientos extractivos se ha vuelto uno de los principales factores de presión sobre los ecosistemas

latinoamericanos, sea por contaminación de suelos, aguas y aire, como por la apertura de áreas naturales, con efectos muy negativos sobre la biodiversidad. Paralelamente tienen lugar fuertes impactos sociales y económicos, que van desde desplazamientos de comunidades locales y problemas en la salud pública, a fuertes transformaciones en las economías locales.

El extractivismo, pues, es el responsable de buena parte de los atentados contemporáneos no armados contra la vida (y no solo humana) y la sobrevivencia cultural. Si los emprendimientos extractivistas —y sus empresas asociadas, como hidroeléctricas, líneas de transmisión y vías— atentan contra la vida se sigue que la arqueología comercial, que los apuntala y legitima, también lo hace. Ante tremenda sindicación, pensamos los críticos de la arqueología comercial, es hora de que haya un sacudimiento. ¿Ha ocurrido? Tímidamente, me parece, pero es incuestionable que el establecimiento disciplinario, tan conservador, empieza a sentir pasos de animal grande; ante ello acude a un ejercicio de introspección que no por agónico deja de ser terapéutico. Su introspección bien puede ser reactiva, pero me gustaría creer que es un buen síntoma. Aun así, soy pesimista ante las posibilidades de reforma radical de la disciplina (incluida su cara comercial) que implicarían, en cualquier caso, el cuestionamiento de la disciplina. Las reformas, si las hay, serán fundamentalmente cosméticas y marcadamente disciplinarias. No serán reformas radicales, entonces, sino refundaciones de la práctica comercial, lo que me trae de regreso al mismo punto.

Las refundaciones que proponen los arqueólogos comerciales están nítidamente enmarcadas en la (onto)lógica moderno-capitalista. En cambio, quienes estamos preocupados por la arqueología comercial como práctica recordamos que Boaventura Santos (2011: 28) señaló que «tenemos problemas modernos para los cuales no hay soluciones modernas». La arqueología comercial es uno de esos problemas. Tratándose de un problema moderno no podemos echar mano de una solución moderna (más apertura, más transparencia, más accesibilidad). Incluso una perspectiva humanista en la arqueología comercial no contribuiría a modificarla. No se modifican o se hacen mejores los tiempos del capital mientras sean establecidos y definidos por el lucro. No hay que buscar mejores condiciones laborales (mejores salarios permanentes, tiempos más productivos, relaciones no alienadas) ni democratizar el mercado de trabajo, una de las preocupaciones más acuciantes de los arqueólogos en América Latina, si queremos solucionar los problemas que produce la arqueología comercial; bueno, *el problema* que es la arqueología comercial. Tampoco hay que buscar mejor calidad en los trabajos que realiza ni que estos sean accesibles o susceptibles de ser analizados. No es un asunto de mejores normativas. Ese problema moderno requiere soluciones no modernas, que no están dentro de esa práctica sino fuera de ella. Puesto que no se trata, entonces, de hacer una mejor arqueología comercial su solución no moderna no puede estar en otro lugar que no sea enfrentarla. Pero no solo a ella; su enfrentamiento supone, claro, enfrentar la (onto) lógica que le da sentido y que, a la vez, alimenta. Una solución radical (no moderna) de la arqueología comercial supone que ya no esté, que ya no sea. Pero ese es un anatema que los arqueólogos, como quiera que se los adjetive, no están dispuestos siquiera a considerar. ¿Cómo lo considerarían, si para ellos la arqueología comercial (a pesar de su laxitud y cortesanía) es lo mejor que ha sucedido a la disciplina en mucho tiempo?

Unas páginas arriba mencioné la caja de Pandora. Vuelvo a ella para concluir estas notas. Cuando Pandora, desesperada, cierra la caja que no debía abrir y de la que escaparon tantos males encuentra que en el fondo solo queda Elpis, la diosa de la esperanza. Juiciosa, había permanecido en la caja y ahora aparece como alternativa ante el desastre sucedido. Las alternativas a la arqueología comercial, las diosas de una esperanza, están en todos aquellos sectores de la sociedad que han sufrido los impactos destructores del desarrollo y se organizan para enfrentarlo. Al enfrentar el desarrollo también enfrentan a sus aliados, a sus proveedores de servicios;

su enfrentamiento de la arqueología comercial es tangencial, entonces. De su enfrentamiento directo podemos encargarnos nosotros. Podemos mostrar cómo opera, qué persigue, a qué silencios ominosos acude, qué redes clientelistas produce, qué justificaciones esgrime. Podemos mostrar, en fin, que la arqueología comercial es la forma más degrada de la práctica disciplinaria.

## Referencias

FAUSTO, C. 2017. «De la responsabilidad social de antropólogos y arqueólogos: sobre contratos, represas y algunas otras cosas». En *Crítica de la razón arqueológica. Arqueología de contrato y capitalismo*, editado por Cristóbal Gnecco y Adriana Dias, Instituto Colombiano de Antropología e Historia: Bogotá, 293-308.

GUDYNAS, E. 2013. «Extracciones, extractivismos y extrahecciones. Un marco conceptual sobre la apropiación de los recursos naturales». *Observatorio del Desarrollo,* 18, 1-18.

MARX, K. 2006. *Manuscritos económico-filosóficos de 1844.* Colihue: Buenos Aires. Santos, Boaventura de Sousa

MARX, K. 2011. «Epistemologías del sur». *Utopía y Praxis Latinoamericana* 16 (54): 17-39.

# CAPÍTULO 1

# ARQUEOLOGÍA COMERCIAL: SHOCK Y ANESTESIA

**José Roberto Pellini**

*Laboratório de Arqueologia Sensorial*
*Universidade Federal de Sergipe*

## Entre un remache y otro

ABC Paulista, tierra de metalúrgicos. Son las cuatro de la mañana y Cícero ya está levantado. Soñoliento, se coloca el chaleco azul gastado de la fábrica y agarra la vianda de la heladera. Sale de la casa antes de las cinco sin darle un beso a la esposa. Calles vacías, viento frío y paso apurado. En la estación de bus la multitud ya se amontona en búsqueda de un asiento vacío para un viaje de casi una hora hasta la puerta del trabajo. Son las siete horas y la sirena suena estridentemente anunciando un día más de trabajo. Cícero tira el cigarro, camina entorpecidamente en dirección a su puesto. Por sus manos pasan chapas de metal que necesitan pequeños remaches. Son 4 remaches en 15 segundos, 16 por minuto, 960 por hora, 7680 a lo largo del día. Pero el responsable del sector piensa que es poco y ya pidió que sean por lo menos 9600, lo que significa 4 remaches cada 12 segundos. El día pasa lento. Parece que ya pasaron horas y no son ni las 10 de la mañana. Parada para el café y el único tema es el juego del Flamengo del día anterior, victoria del *mengão* por 2-0 contra el São Paulo. Café y cigarro, narcóticos y estimulantes para aguantar dos horas más hasta el almuerzo. Suena la sirena y la vianda va para el horno. La comida compactada en la lata de aluminio pasa sin sabor. El jugo instantáneo ayuda en el proceso. Comer es solo una tarea más. Siesta y dominó, descansan el cuerpo y distraen la mente. Hora de volver para los remaches. La música uniforme de la línea de montaje hipnotiza. El deslizar de las carcasas grises de chapas brutas, la rutina de los gestos, todo es cíclicamente repetido. Cícero, como si hubiera tomado morfina, siente la anestesia adormeciendo cada fragmento de raciocinio. Final de la tarde, cuerpo quebrado. Parada de bus llena. Un océano de cabezas moviéndose en la luz amarilla e incipiente de los postes. Movimientos, gestos y expresiones automatizados. Estudiantes, negociantes, operarios, borrachos y embriagados, todos se enmarañan. El mundo se diluye en una gran uniformidad. Es la homogeneización deliberada de las masas. Convulsiones, toques y *shocks*, el bus llegó. Una hora más en pie. Ocho de la noche. La ducha no funciona. Falta arreglo, falta tiempo, falta ánimo. El cuerpo no reclama al toque helado del agua. La vianda para mañana ya está lista. Solo sobra tiempo para dormir.

## Entre un sondaje y otro

Oroeste Paulista, ciudad prospera. Petróleo e hidroeléctrica. Ciudad calurosa, de poco viento. Son las seis de la mañana y Angelo se despierta con los golpes en la puerta avisando que ya debería estar levantado. Cuerpo pesado, cansado. Pantalón sucio de tierra, bota endurecida de cuero, mochila y cucharín. Café negro y tostada. Apuro, pues el sitio de hoy está más lejos. Saltos dentro del carro. Ya son las ocho de la mañana y el sol va a castigar. Sondaje delimitado y trabajadores excavando. Son dos sondajes al mismo tiempo, pero el coordinador quiere cuatro. Son diez pozos de teste por hora, pero el coordinador quiere 15. Angelo pasa el tiempo andando de aquí para allá. Anda mucho, anota poco, ve poco, siente poco. Escribir y anotar, solo una burocracia. ¡Ídem! ¡Ídem! ¡Ídem! Nueve, diez, once de la mañana y todo siempre lo mismo. La siesta descansa poco. Dos horas de la tarde y parece que el tiempo paró. Conversar es una distracción. Descubre que el hijo del padre dejó la casa y se fue para São Paulo, que la vecina de la iglesia no es santa y que el alcalde de la ciudad no aparece. Parpados pesados. Es preciso negociar con el cansancio. Ojos distraídos, ausentes. En la zaranda el pasado toma forma. Una lasca se queda y otra cae. Una se pierde, otra se encuentra. Es aquí que el patrimonio arqueológico nace. Hijo de la casualidad. Faltó un centímetro, dos, cinco. No hay problema. Corrige después ¿sí? ¿Todo esto para qué? Angelo siente la soñolencia. La noche llega. Textos para leer, pero el cansancio es mayor. La cama es el único alivio. La cerveza en la mesa del bar, la única diversión. Mañana tiene otro vuelo, otro sitio, el mismo trabajo. Hoy fue igual a ayer y mañana será igual a hoy. Cuibá será igual a Oroeste y Andradina será igual a Cuibá.

## Modernidad: *shock* y anestesia

El mundo moderno presenció una transformación radical en el sistema perceptivo de los individuos. Según Benjamin (2006), mientras que en el periodo preindustrial las personas estaban conectadas a sus memorias, al paisaje y a su trabajo de modo orgánico, en el mundo moderno la aceleración del tiempo fruto de los regímenes fragmentados de producción capitalista y de los procesos de tecnificación, han llevado a los individuos a un proceso de aislamiento y amnesia cultural. Si en el trabajo artesanal el tiempo es dictado por un ritmo lento y orgánico, capaz de producir memorias y unir el artesano con su trabajo, en la sociedad capitalista, los ritmos de trabajo se alteran, la rapidez del trabajo especializado pasa a tornar el tiempo cada vez más escaso y segmentado. En el modelo de acumulación capitalista moderno, la relación de los individuos con su trabajo cambia así como también lo hace su relación con el tiempo. Según Benjamin (2006: 30):

> No es en vano que Marx insiste que, en el artesanado, la conexión entre las etapas del trabajo es continua. Ya en las actividades del operario de fábrica en la línea de montaje,

esta conexión aparece como autónoma y cosificada. La pieza entra en el rango de acción del operario, independientemente de su voluntad y escapa de él de la misma forma arbitraria.

Con la segmentación del trabajo en la línea de montaje, el individuo pierde el vínculo que mantenía con aquello que producía. La cadena de montaje fragmenta y homogeniza el gesto del operario en las fábricas, de modo que se pierde la relación teleológica encontrada en el trabajo artesanal. Si en el trabajo artesanal existía una conexión entre los varios estadios que configuraban ese hacer, con el avance del modo de producción capitalista, la conexión entre las varias etapas del trabajo se pierde (Travassos, 2009).

En las fábricas el *shock* es el que marca la experiencia del trabajador frente a las maquinas. El adiestramiento físico y la repetición continua de los movimientos pasan a caracterizar el ritmo de los trabajos. Como un autómata, el operario responde de modo automático a los comandos que la máquina le impone. Su gesto es siempre una repetición que obedece, solamente, a los estímulos que la máquina le impone. Como diría Marx:

> Todo trabajo con la máquina exige [...] un adiestramiento previo del operario. En la línea de montaje es el individuo que se somete al ritmo del trabajo que la máquina impone, y no lo contrario; a el cabe responder de manera automática e inmediata, por el tiempo debido, su jornada diaria de trabajo, a estos inúmeros y sucesivos *shocks* (1985, 42).

Según Travassos (2009), el sistema fabril empobrece cada uno de los sentidos y paraliza la imaginación del trabajador. Su trabajo se torna impenetrable a la experiencia, la memoria es sustituida por respuestas condicionadas, el aprendizaje por adiestramiento, la destreza por la repetición. Al revés del ejercicio de la atención, lo que el trabajo capitalista determina es una forma de pensamiento que no depende de su objeto, pues los lucros pueden realizarse con la producción de cualquier mercadería siempre y cuando las condiciones sean rentables (Svartman, 2010). El pensamiento que organiza y comanda la producción es incapaz de relacionarse con la alteridad del mundo, pues su objetivo es funcional, es decir, aumentar la eficiencia de los mecanismos productivos.

El tiempo de las actividades de la fábrica pasa a ser objetivo, sin andamiento estructural y concreto, ya que su duración es medida y reglamentada por el reloj de los encargados y no por el acontecer natural de las actividades desarrolladas. En las secciones fabriles, la sucesión de los instantes refleja la sucesión de las tareas. Como diría Svartman: «las tareas son las mismas y abstractas, los instantes son los mismos y abstractos; pedazos de acción, pedazos de tiempo, ensimismados, atomizados» (2010: 212). El tiempo alienado del operario corresponde al tiempo perdido del jugador, es decir, es un tiempo medido por el beneficio. Tanto como para uno como para el otro, no es permitido ejercer el dominio sobre el propio tiempo y, por consiguiente, sobre sí mismo. El objetivo fundamental de la organización del trabajo fabril es utilizar eficazmente la energía corporal y espiritual de los trabajadores, aumentar la productividad y obtener el mayor número de mercaderías en el menor tiempo (Travassos, 2009).

En el sistema de producción fabril, la adaptación psicofísica al ritmo de producción capitalista, pasa a exigir de los trabajadores un gasto de energía muscular y nerviosa que resulta en la creación de un nuevo tipo de agotamiento caracterizado por la anestesia de los sentidos y por entorpecimiento del cuerpo (Gramsci, 1978). Weil (1996) ya había observado que «ninguna poesía concerniente al pueblo es auténtica si en ella no se encuentra la fatiga, el hambre y la sed resultantes de esa fatiga» (Weil, 1996: 204). Ese estado de completa extenuación se debe al uso antinatural y excesivo del cuerpo, ya que el cuerpo debe funcionar como complemento de la máquina. Las necesidades psicosociales de los trabajadores solo guían y orientan la organización efectiva del trabajo, ya que los operarios pasaron a la condición de un instrumento de la producción. Al mismo tiempo, el trabajo fragmentado y automático ha generado en los trabajadores lo que Mendes (2013) llama de sufrimiento patógeno. Si en la vida real tenemos que lidiar cotidianamente con lo imprevisible, con lo imprevisto y con lo incontrolable y adaptarnos para encontrar soluciones a los problemas enfrentados dentro de un proceso de movilización creativa, en el trabajo fabril, las técnicas de adiestramiento de los gestos y comportamientos transforma la movilización creativa en sufrimiento patógeno. La movilización creativa se torna sufrimiento patógeno cuando el trabajo no es exteriorizado, cuando el sujeto es negado y pierde su derecho de expresión (Mendes, 2013). Según Dejours (1987), contra el sufrimiento, la ansiedad y la insatisfacción de los operarios se desarrollan estructuras y sistemas defensivos, que enmascaran el sufrimiento. Así, crece el individualismo, la banalización, el cinismo, la disimulación, la hiperactividad, la desesperanza de ser reconocido, aumenta el desprecio, la necesidad de infligir daños a los subordinados, aumenta la negación del riesgo inherente al trabajo y pasa a existir una mayor distorsión de los procesos comunicativos (Mendes, 2013). Tales estrategias funcionan como una anestesia que permite que la clase trabajadora ignore el sufrimiento patógeno.

Esa realidad se agrava con la introducción del sistema de acumulación flexible o toyotista en las fábricas, pues juntamente con la perfecta coordinación de los gestos, se crea un dominio total sobre la subjetividad del trabajador a través de un proceso de compromiso estimulado. Según Linhart (1999), la estrategia de la empresa flexible consiste en dominar la conciencia de los trabajadores, induciendo a lo que ella llama de «mentalidad de bombero», es decir, un estar siempre alerta para la realización de las actividades repetitivas.

En el sistema flexible, la seguridad del sistema fordista en relación a la estabilidad del empleo, desaparece y pasa a existir una mayor rotación. Esto genera un proceso de inseguridad que pasa a ser gestionado por las empresas a través de la sensación de miedo que pasa a existir en los trabajadores. La gestión de los trabajadores a través del control racional del miedo y de la inseguridad, es en la opinión de Burawoy (1990), un sistema de coerción hegemónica despótica. Como nos muestra Dejours (1999: 49): «El autocontrol a la japonesa constituye un aumento de trabajo y un sistema diabólico de dominación autoadministrado, lo que supera en mucho los desempeños disciplinares que se podían obtener a través de los antiguos medios convencionales de control».

En cuanto algunos investigadores como Hirata (1988), defienden que el sistema flexible acaba con la división entre el trabajo intelectual y el trabajo manual porque se concentra en una estructuración de tareas polivalentes, investigadores como Silva (2004), Dejours (1999) y Gorz (2003), acreditan que en realidad el sistema de acumulación flexible profundiza el proceso de alienación del trabajo. Para Harvey (1990), la aceleración en los procesos de producción resultantes de los cambios organizacionales que revirtieron el sistema de acumulación fordista hacia un sistema más flexible representó y sigue representando la intensificación de la velocidad del proceso de trabajo.

Toda esta situación se ha agravado en la llamada supermodernidad, que según Augé (2006) es un periodo marcado por la idea de exceso. Es la sirena de las fábricas, la señal de la escuela, la bocina de los autos, los carteles de neón esparcidos por las ciudades, las multitudes agolpándose en las calles, el olor a basura, las crisis económicas, las guerras, la violencia cotidiana y toda esa parafernalia de plástico en forma de celulares, tabletas y computadores. La vida en los centros urbanos se parece a la vivencia del operario en la fábrica, donde el trabajo automatizado impide la acumulación de contenidos y aprendizaje. Dentro de las fábricas y en el espacio urbano, el cuerpo y la conciencia del hombre no pueden huir de la vivencia del *shock*.

En el mundo moderno y supermoderno, donde imperan la automatización, la fragmentación, la agilidad, la mirada dispersa, el sistema perceptivo acaba por invertir su papel. Ya no captura los estímulos del mundo, por el contrario, pasa a detener los estímulos entorpeciendo el organismo, insensibilizando los sentidos y reprimiendo la memoria. De esta forma, se instala una crisis de percepción donde el sistema perceptivo sinestésico se convierte en un sistema anestésico. Como explica Rouanet (1990: 44):

> El sistema perceptivo estaría dotado de un *Reizschutz*, un dispositivo de defensa contra las excitaciones, que filtra las formidables energías a las que está expuesto el organismo, admitiendo solamente una fracción de las excitaciones que bombardean continuamente el sistema de percepción-conciencia. Al ser interceptadas por el *Reizschutz*, las excitaciones demasiado intensas producen un *shock* traumático.

Según Buck-Morss (1993), ese proceso de *shock* genera una división tripartita de la experiencia en agencia, objeto y observador, que resulta en una autoalienación que hace que las masas vivencien el mundo sin aprehenderlo. El hombre moderno, al caminar entre la multitud o al posicionarse frente a una línea de montaje, recibe y devuelve *shocks* y como un autómata reacciona instintivamente a determinados comandos. Su misión ya no es entender y captar el mundo, sino evitar, en la medida de lo posible, el *shock*. Como consecuencia, las personas se tornan no solo susceptibles a la manipulación política, ya que pierden la capacidad de determinar su propio bien estar, sino que acaban, según Harvey (2000), desarrollando procesos de negación, aumentando las actitudes desinteresadas, generando una especialización miope, buscando un pasado perdido y simplificando de forma excesiva tanto a ellos mismos como las interpretaciones sobre los eventos sociales.

Según Harvey (1990, 2000), todo ese proceso de hiperestesia, *shock*, anestesia, aceleración de los procesos de producción, distribución y consumo han creado una sociedad del descarte. En nuestro mundo acelerado todo se torna obsoleto rápidamente. El sentimiento de volatilidad, de lo efímero de la moda, de los productos, de la información, de las técnicas de producción, de los procesos laborales, de las ideas, de la ideología, etc. nos induce a descartar lo viejo y adquirir lo nuevo de forma cada vez más rápida. El problema es que no tiramos apenas las mercancías, sino que también descartamos con rapidez valores, estilos de vida, relaciones, lugares, personas, etc.

## Fábrica de Cuerpos

Para Marx (1932), uno de los males del proceso capitalista es la apropiación del hombre, de su cuerpo y de sus sentidos. Al apropiarnos del trabajo del hombre, nos apropiamos también de sus sentidos, dolores y placeres. Así, los sentidos se tornan un fin direccionado para la propia creación de la propiedad privada. Marx argumenta que los sentidos centrados en la producción de la propiedad privada, es decir, alienados de su propia condición, asumen un significado limitado. Cuando se priva al hombre de la posibilidad de apreciar buena música, comida, descanso, este pasa a perder su propia condición de humano. La idea principal de Marx es que los regímenes de trabajo deshumanos quitan la posibilidad de que los hombres aprecien la esencia de la vida a través de los sentidos.

Castro y Pereira (2014), realizaron una investigación de carácter etnográfico junto a los operarios de la Fundición Tupi, localizada en el municipio de Mauá en la Gran São Paulo, que revela cómo el sistema de producción capitalista se apropia del cuerpo. En su trabajo, los investigadores entrevistaron a los empleados de la fundición trayendo testimonios marcantes sobre la vida dentro de la fábrica. Los autores comienzan describiendo el ambiente de la fábrica:

> En su interior, lámparas colgadas por todos lados intentan, en vano, iluminar la oscuridad del galpón. El ruido no permite escuchar otra cosa que las máquinas y las herramientas. El polvo negro y el ruido cubren a los operarios, con sus

uniformes, ropas viejas, oxidadas, rasgadas, y muchas de tamaño incompatible con sus propios cuerpos, que parecen luchar con la vestimenta... El olor a tinta, de aceite y de solvente se mezcla con el olor de algo quemado... (Castro y Pereira, 2014, 02).

Es interesante notar cómo los elementos sensoriales del espacio de la fábrica se unen para formar un ambiente extremo, poco atractivo caracterizado por la falta de luz natural, ruidos y con olor a tinta. En este ambiente, los sentidos son llevados a la extenuación creando justamente la atmosfera de *shock* que Benjamin relata como característica de nuestra modernidad. La hiperestesia presente en la fábrica acaba por crear un ambiente poco saludable, que acaba por esclavizar y anestesiar los sentidos.

En el relato de Zé Barba, un operario de 49 años, es evidente cómo el cuerpo es apropiado y sirve como punto referencial del trabajo en la fábrica. Comparando el cuerpo a un CD de música Zé Barba dice:

El joven operario no tiene ninguna marca, «ningún raspón» en el cuerpo, el viejo operario en cambio, tiene el cuerpo marcado, «rayado, no suena como debería». El cuerpo va siendo desgastado por el trabajo, «sus partes» (manos, columna, hombros) van siendo rehechas por cirugías... (Castro y Pereira, 2014, 04).

Más impactante es el testimonio de Bocão, un empleado de 50 años, que fue apartado de su puesto por problemas de salud y estaba volviendo para asumir un nuevo cargo dentro de la fundición. En su relato a los investigadores él cuenta que sintió una punzada en el brazo, «pareciendo que la carne se había abierto», pero al mismo tiempo continuó trabajando. Días después fue al médico y recibió el diagnóstico de rotura de los tendones. Él cuenta que ya tuvo muchos problemas de salud por cuenta del trabajo en la fábrica: «Ellos rompieron mi cuerpo... en diez años, un operario recién contratado estará todo reventado, sin columna, sin salud... estamos fabricando piezas, peones, enfermedades, cuerpos, todo reventado... ahí adentro es una fábrica de cuerpos» (Castro y Pereira, 2014, 03).

En estos dos relatos queda claro cómo nuestro cuerpo es apropiado por el sistema capitalista. Nuestro cuerpo y nuestros sentidos son disciplinados por los horarios y por los gestos repetitivos, son sacrificados por el *shock*, se anestesian, rompen y se remontan para atender las especificidades de la producción.

Svartman (2010) en su tesis de maestría sobre los procesos de desarraigo de los operarios, discute a través de entrevistas la vida en las ciudades industriales, sobretodo en el ABC Paulista. Entre los aspectos que más llama la atención en las entrevistas está la vida dentro de las fábricas, el peligro de accidentes, el tiempo y la experiencia vaciada, el agotamiento. María, una de las entrevistadas discute el ambiente de reclusión dentro de las fábricas. Ella trabajaba en una línea de montaje de parabrisas de camiones en el ABC paulistas. Ella decía:

> Yo pienso que todo eso que me traje del norte. Porque allá era libre. Enseñaba en un horario corto. Salía, iba al campo, volvía, estudiaba. Pero estar el día entero, ahí, haciendo el mismo servicio. En esa época creo que quedaba todo muy confinado. Porque de donde yo vengo, por más difícil que fuese el trabajo, era libre ¿entendió? Era abierto, era debajo del sol, la lluvia, era más libre. Podía salir y descansar cuando quisiera, cuando estuviese cansada. Podía salir y ver el sol, en la fábrica creo que me sentí un poco presa porque no podía salir, tenía que estar ahí desde las 7 hasta las 5 sin poder salir... No sé si era porque el reloj estaba en frente mío o si yo estaba siempre mirando para el reloj. La impresión era que la hora no pasaba, tardaba. La hora del almuerzo era rápida (Svartman, 2010: 91).

Otro entrevistado, João, que trabajaba en las prensas también en la región del ABC paulista, habla del régimen de agotamiento del trabajo en las líneas de montaje y en la prensa: «Y vos produciendo, y el queriendo más, y vos sin poder. Tu fuerza física ya agotada en aquello que conseguís hacer. Llegar una hora, llegar a casa tan agotado, acostarte y dormir, no levantarse, al otro día, atrasado» (Svartman, 2010, 92).

Por fin, Miranda habla de los riesgos en la línea de producción:

> La cortadora es una lámina de sierra que quedaba girando allí. Tenía una manguerita de aceite soluble, que cuando vos cortabas era para enfriar la lámina…. tenías que tener mucho cuidado para no meter la mano en la lámina, sino cortaba. Era un riesgo inminente… ellos regulaban la máquina bien cerca que era para que no pierdas mucho tempo. ¿Entendiste cómo era el esquema? Porque el negocio de ellos era ganar tiempo en la producción. No querían saber si la mano se cortaba. Querían tiempo para producción… había mucho accidente… reventaba todo el dedo… tenía que salir en promedio, por día, cada persona, unas 450 piezas… era muy pesado, muy esforzado (Svartman, 2010: 942).

El propio Miranda habla de los gestos del trabajo repetitivo y de la atención enfocada en su día a día:

> Llegaba a dormir soñando que estaba trabajando. Soñando que estaba haciendo pieza. En mi cabeza yo estaba trabajando, en el sueño… Creo que el sueño venía cuando estaba más cansando. Creo que percibí eso. Cuanto más cansando estás, más te entregas a la actividad dentro de la fábrica y ahí parece que en vez de descansar, comenzás a tener todo tipo de alucinaciones. Comenzás a quedar así, parece que estás dentro de la fábrica. Parece que estás trabajando, a veces te asustas… Soñé que estaba dentro de la fábrica, la señal dando

pitidos. Me levantaba asustado: «Caramba, estoy en casa. ¿Porque estaba sonando?». Ya hubo días que me levantaba ¡en el domingo!, ¡día de domingo! ¡Cambiarme de ropa y salir para trabajar!... Creo que no pasó solo conmigo, creo que pasó con varias personas eso... ¡¿Qué pasó conmigo?! (Svartman, 2010: 97).

Estos testimonios nos dan una idea de cómo aún hoy el trabajo en las líneas de montaje, aun dentro de un sistema más abierto, flexible, causa una total alienación de los operarios a través de un proceso que tiene en el *shock* su base principal. Es el *shock* del ambiente cargado, insalubre, es el *shock* de las actividades repetitivas, el *shock* de la inseguridad y del miedo, el *shock* de la disciplina corporal que molda el comportamiento y los sentidos de los individuos dentro del trabajo fabril y que tiene consecuencias drásticas en la vida cotidiana, como relata Miranda.

Pero el cuerpo también funciona como vehículo de resistencia. Como coloca Bocão:

Nos olvidamos el uniforme, lo rasgamos y hasta aguardar el nuevo usamos una camiseta más leve ¿entiende? ¿Y para hablar con un camarada que está lejos? También encontramos una forma, usamos gestos, usamos eso que vos dijiste, «lenguajes corporales»: dos dedos en los hombros para hablar de los jefes. Fingir estar disparando con un revolver, para apuntar «peón descarado» [traidor]. Levantar el dedo índice y el menique, guardando los otros, para simular traición de la esposa. Indicar para la puerta de salida, beber cachaça en los puestos de afuera de la fábrica. Bajar, inclinando la cadera para atrás y después rápidamente forzar para el frente, para «rasgar» [hacer] en la hora extra. Dar una vuelta en el aire, con la mano a la altura de la cintura, para desconsiderar lo que el «peón» estaba diciendo. Estirar el brazo, con la mano abierta, girada con la palma para arriba y pasar en el aire como una hoz, para amenazar los operarios de cuchillazo [despido]... (Castro y Pereira, 2014: 05).

## Gestos mecánicos, arqueólogos entorpecidos

Sí, pero ¿qué tiene que ver la arqueología con todo eso? No somos operarios en una fábrica. Pero ¿será que las empresas de contrato o las universidades no actúan como si fueran fábricas y exijan de nosotros, arqueólogos, el esfuerzo del operario? ¿Será que el proceso de alienación no es semejante? ¿Será que el *shock* y el exceso de la modernidad y de la supermodernidad no se hacen presentes en la arqueología? Creo que sí. La arqueología comercial, al tomar prestados del capitalismo su filosofía y sistema de trabajo, asumió un carácter serial e industrializado, donde la fragmentación, mecanización y repetición condicionada sustituyeron a la experiencia y la imaginación. Así, como el operario delante de la línea de producción, el arqueólogo se comporta automáticamente delante de la máquina, que aquí es el propio sistema de mercado que rige las relaciones dentro de la arqueología comercial, aniquilando el tiempo y valorizando apenas el capital. En este proceso, una serie de relaciones fueron completamente alteradas y apropiadas en nombre del capital.

Veamos por ejemplo la cuestión de las publicaciones. En la academia somos exigidos hasta el límite. La obligación es publicar, publicar y publicar. Uno, dos, tres artículos por año en revista B1, A1, X no se qué. No se evalúa la calidad de los artículos y sí la cantidad. Para publicar uno se tiene que someter a las reglas de las revistas y así nos vamos disciplinando en un campo donde debería imperar la crítica. ¿Será que podemos escribir exactamente lo que pensamos? ¿Será que podemos utilizar narrativas alternativas en todas las revistas? No, claro que no. Yo mismo tengo cierta dificultad en publicar, pues uso con frecuencia narrativas no disciplinadas y así acabo no publicando. Si no publico, no tengo presupuesto para la investigación, si no tengo investigación no publico. Es decir, o nos sometemos al régimen de publicaciones, de las editoriales y de los editores o nos quedamos fuera del círculo de financiamiento y poder académico. Lo que se exige de un investigador en la academia es una producción como si estuviésemos en una línea de montaje. Artículos tienen que ser publicados en un ritmo acelerado, alumnos tienen que defender sus monografías, disertaciones y tesis en un ritmo cada vez más acelerado, los cursos de graduación y posgraduación tienen que recibir y aprobar cada vez más gente, no importa la calidad del estudiante.

Ese aumento de la cantidad de información responde a las demandas del mercado de consumo, donde la información se convirtió en un producto. Tenemos información en cantidad, pero ¿cuál es la calidad y significancia de esa información? Según Contrera (2002), para aquellos que siguen la lógica del mercado y se sienten satisfechos con el potencial de información-mercadería, esta es una cuestión irrelevante. Morin, en la década de 1980, ya alertaba que vivimos en un mundo de subinformación y superinformación: «El exceso agita la información cuando estamos sujetos al acontecer ininterrumpido de acontecimientos, sobre los cuales no podemos mediar porque son sustituidos rápidamente por otros acontecimientos. Somos así, una sociedad de obesos anímicos» (Morin, 1986: 31). Este cuadro de la sociedad de consumo y del espectáculo no sería tan alarmante si la comunicación estuviese efectivamente existiendo, pero como destacan Hillmam (1995) y Contrera (2002), lo que pasa es justamente lo contrario, pues la cantidad de información parece aumentar cada vez más la incomunicabilidad y la soledad. Para Hilmam (1995: 96), la inmensa industria de la hipercomunicación, a través de sus teléfonos móviles, tabletas, *beeps*, módems, contestadores y toda esa parafernalia de plástico colorido, de bajo costo, que transforma al ciudadano en un sujeto conectado con el mundo, «existo porque soy accesible», aumenta la soledad de las personas en vez de acabar con ella.

Si en la academia tenemos que publicar, publicar y publicar, en la arqueología de contrato debemos hacer informes y más informes. Son muchos gráficos y medidas en lo que Bradley llamó literatura gris. Son muchas descripciones y poca interpretación. Hay cientos y cientos de páginas que a menudo no dicen nada. En muchos casos lo que vemos es un corte y pega de información estandarizada. Que tiene como objetivo no construir conocimiento sino atender la legislación. Para empeorar toda esa documentación queda atrapada en los calabozos del Instituto del Patrimonio Histórico y Artístico Nacional, IPHAN, el órgano que legisla sobre la arqueología en Brasil. Aunque esta documentación está abierta al público, conseguir tener acceso a ella es una tarea complicada, que involucra la mayoría de las veces mucha burocracia. Una vez, por ejemplo, fui hasta el IPHAN del Estado de Goiás y pedí tener acceso a una serie de informes. Después de dos meses de intentos finalmente me dijeron que yo no podía tener acceso a los informes, informes de dominio público, porque el IPHAN de Goiás, no disponía de un policía para acompañarme durante mis lecturas. ¿Qué pensaban? ¿Que robaría el informe?

## La aceleración del espacio-tiempo

El tiempo de la arqueología comercial es el tiempo del capital. Quien decide el tiempo de los trabajos no es el arqueólogo y sí las empresas contratantes y el arqueólogo empresario. Mientras que las empresas contratantes precisan maximizar el tiempo en nombre de las licencias ambientales, el arqueólogo empresario precisa maximizar el tiempo en nombre de un mayor lucro. De esa forma se sacrifica generalmente el trabajo de campo, que normalmente recibe más presupuesto para la investigación y es donde el arqueólogo empresario puede administrar mejor el saldo. La idea es simple, cuanto más lento sea el tiempo del arqueólogo, sea en campo o en laboratorio, más demorada será la instalación de los emprendimientos y eso significa disminuir o postergar el lucro. Cuanto más lento sea el tiempo del arqueólogo, sea en campo o en laboratorio, menor será el lucro del arqueólogo empresario. Siendo así, siguiendo el cronograma de las obras de impacto, lo que podría ser hecho tranquilamente en uno o dos meses es comprimido en una o dos semanas. No es raro ver equipos de campo trabajando durante días, meses enteros, sin parar siquiera un día para descansar. Todo en nombre del cronograma.

Con el ritmo acelerado de las empresas de arqueología comercial, donde un campo sucede a otro de modo automático, siempre en nombre de la acumulación del capital, acabamos anestesiándonos. No hay más tiempo para absorber las experiencias, pues inmediatamente tenemos que seguir para otro trabajo. Seamos sinceros, ¿quién, haciendo uno, dos, cinco, diez trabajos seguidos consigue acordarse de lo que hizo? ¿Quién, pasando de un trabajo de campo para otro, consigue participar de todas las etapas del proceso de construcción de conocimiento? ¿Quién, en este escenario, donde es preciso trabajar y trabajar para poder acumular capital, consigue aproximarse a las comunidades antes de ejecutar el trabajo? ¿Quién, en esta línea de producción, donde lo cuantitativo supera a lo cualitativo, realmente puede o consigue contribuir para la construcción del conocimiento con algo que vaya más allá de la colecta de datos? Pasamos de un campo para otro sin tener el tiempo necesario de absorber las experiencias. Esto genera un estado de anestesia, un estado de distanciamiento, de coma que no es percibido. Parafraseando a Benjamin (1975), en el sistema capitalista de la arqueología comercial, los arqueólogos llegaron a un grado tan grande de alienación que ello permite que ellos vivan su propia destrucción con un placer estético de primer orden.

El problema de la aceleración y maximización del tiempo tiene un efecto nefasto, pues impide que el arqueólogo sea capaz de sumergirse en el paisaje, en lo material y así observar lo no usual, lo diferente. En la práctica, las experiencias de excavación e interpretación deberían ser actividades acumulativas con los profesionales, siendo más sensibles al contexto y a los objetos de investigación. Justamente porque la arqueología no permite una reproducción controlada de los procesos de excavación, ya que la excavación es un proceso en sí de transformación de las evidencias materiales, siendo difícil volver a la situación primera, es que el momento de la excavación debería ser el momento de mayor concentración del conocimiento, de voces y de narrativas interpretativas. Es en este momento que interpretaciones alternativas pueden ser exploradas y una amplia gama de datos puede ser considerada (Pellini, 2012). Sitios, paisajes y monumentos solo pueden ser interpretados a partir de una prolongada exposición a la evidencia de campo, pues es a través de la familiaridad con los vestigios que podemos reconocer todas las características sobresalientes. En la práctica, la experiencia de la excavación debería ser acumulativa. El problema es que la actividad de campo es rápida. Pero ¿quién se puede dar el lujo de pasar meses en un campo? ¿Quién puede volver al sitio en diferentes estaciones año tras año? ¿Será que la luminosidad del espacio es igual en todas las estaciones? ¿Será que el espacio es el mismo de día y de noche? Estamos en un abrigo ¿cierto? Pues bien ¿cómo saber algo de ese abrigo si, por ejemplo, no lo experimentamos debajo de una lluvia torrencial? ¿Será que en la lluvia él nos revelaría sus secretos? La prisa por cumplir los cronogramas hace que muchas de las características del sitio y del paisaje no sean observados (Pellini, 2011). Creo que es a partir de la idea de vivencia que podemos empezar a pensar en una actividad de campo diferente de la que está en vigencia. Al mismo tiempo, actividades con la cooperación de las comunidades locales, sectores alternativos de la sociedad y otros investigadores son generalmente las primeras actividades cortadas durante el ejercicio de la racionalización de los costos en los proyectos (Chadwick, 2003; Zarankin y Pellini, 2012; Darvill y Russel, 2002; Bradley, 2006).

La estructura del IPHAN contribuye a esta situación. El IPHAN solo está interesado con el patrimonio físico, en la cantidad de material y no necesariamente en la calidad de los trabajos desarrollados. Admito que no es el papel del IPHAN verificar o discutir la metodología que el arqueólogo utiliza en campo, esto debería ser el papel de la comunidad arqueológica, pero el IPHAN debería crear mecanismos para que la comunidad arqueológica pueda tener acceso más rápido a los resultados de los procesos de licenciamiento arqueológico y así poder evaluar los trabajos desarrollados. ¿Por qué no disponibilizar en el sitio web del propio IPHAN los informes de los trabajos inmediatamente después de que la ordenanza de investigación es finalizada? Esto permitiría un control mejor por la comunidad y por el propio mercado.

Con la aceleración del tiempo, la memoria es destruida y con eso disminuye el poder de narración de los arqueólogos, desde que la experiencia es vaciada y no hay más nada que contar. Se asume así un discurso indirecto, descorporizado, técnico y descriptivo. La experiencia humana es dejada de lado y elementos importantes para entender los procesos de construcción del conocimiento son excluidos.

## División de clases y trabajo especializado

En arqueología, la noción de trabajo de campo es convencionalmente contrapuesta al contexto de producción del conocimiento. El trabajo de campo es visto como el locus de la recolección de datos en cuanto que el laboratorio es visto como el locus de la producción del conocimiento (Whitmore, 2005; Pellini, 2011).

Dentro de la estructura de la arqueología comercial existe una clara división de clases ordenada por los arqueólogos empresarios, los coordinadores de campo o laboratorio, los técnicos en arqueología y los llamados «obreros». Cabe a este último, que generalmente es un habitante local con poca o ninguna instrucción, el trabajo de excavación de los sondajes y pozos, abertura de zanjas, cargar el material, es decir, el trabajo considerado por muchos como el más pesado. A los técnicos, normalmente estudiantes o graduados de carreras de arqueología u otra ciencia humana, cabe la tarea de fiscalizar al «brazal», trazar y delimitar las interferencias del suelo, analizar las zarandas, decidir lo que debe o no ser excavado, decidir que va a ser colectado o no, decidir lo que va o no a ser anotado, dibujado, fotografiado. Aun sin mucha formación, es generalmente él quien decide lo que será o no transformado en patrimonio. Al coordinador de campo o laboratorio cabe fiscalizar a los técnicos y redirigir los informes. Cabe a él las decisiones de dónde excavar, cómo excavar, qué recolectar, que no recolectar, la hora de comenzar y terminar el trabajo. Por fin, cabe al arqueólogo empresario, normalmente el que tiene el nombre en la ordenanza federal que permite el trabajo arqueológico, escribir o apenas compilar el informe final que será entregado al IPHAN, aun cuando nunca haya pisado el campo. Cabe a él también decidir los equipos que van a campo, el tiempo, cronograma y las metodologías de trabajo. En cuanto que los «brazales» y técnicos están en campo o en el laboratorio en tiempo completo, el coordinador no siempre está y el arqueólogo empresario casi nunca está.

Esta es una estructura que presupone no solo una jerarquía de trabajo y salarios, sino de importancia intelectual. Esto es porque el trabajo de campo o de análisis es visto como trabajo práctico, en cuanto que la confección de los informes es vista como el verdadero trabajo intelectual. Yo, por ejemplo, trabajé en una empresa donde el trabajo de campo era hecho por personas sin ninguna formación en arqueología. El trabajo de excavar, recolectar y registrar era realizado por individuos, algunos analfabetos, que eran contratados en los «trabajos de campo» por el arqueólogo empresario. Esos trabajadores eran acompañados por un coordinador de campo, apenas uno, y el trabajo era realizado. El material que llegaba al laboratorio para ser analizado y dar forma al informe final, era muchas veces absolutamente ilegible. Pero era la opinión del empresario que el arqueólogo «doctor», debería y tendría la capacidad de resolver los problemas.

La presunción de que la arqueología puede funcionar como un simple procedimiento descriptivo y de registro niega la centralidad de la investigación y remueve la demanda interpretativa de las construcciones narrativas (Pellini, 2011). En cuanto que las técnicas de excavación producen inestimable y extensiva información sobre el material y sobre el sitio, ellas no dicen nada respecto del pasado. Considerar el trabajo de campo apenas como una técnica y disociarla del proceso intelectual resulta en una arqueología deficiente de la misma forma que separar la recolección de datos de la interpretación resulta en un proceso científico insuficiente. Excavar no es apenas una técnica de juzgamiento, sino que es la habilidad de lidiar con un grupo casi infinito de informaciones e interpretaciones.

¿Será una simple coincidencia que la mayoría de las investigaciones arqueológicas surgidas del contrato, según mi punto de vista, continúen usando modelos histórico-culturales? ¿Por qué la arqueología de contrato en su mayoría adoptó esta corriente con tanto fervor? ¿Practicidad? ¿Será que cuando vamos al campo a recolectar, recolectar y recolectar y dejamos la interpretación para el laboratorio nos damos cuenta de que estamos perpetuando una práctica que presupone el trabajo de campo en cuanto método y el trabajo de laboratorio en cuanto producción intelectual? ¿Será apenas coincidencia que cada vez más el trabajo de campo es hecho por técnicos y estudiantes, y el trabajo de escribir y publicar es hecho por los «doctores de la ciencia»? Creo que los modelos positivistas de ciencia atienden perfectamente a los intereses de la arqueología comercial porque padronizan las técnicas, conciben el trabajo de campo como un trabajo técnico que puede ser hecho por alumnos y personal no cualificado y piensa en el trabajo interpretativo como separado de todas las demás esferas de la práctica arqueológica.

Esa estructura de especialización y división del trabajo acaba evidentemente reflejándose en los salarios. Aunque no haya un levantamiento definitivo sobre los salarios pagados en cada una de estas categorías, sabemos que son pocos los trabajadores con contrato formal en las empresas de contrato. Esa flexibilización de los contratos de trabajo tiene como consecuencia directa la inseguridad y el miedo del desempleo, elementos que son utilizados por muchas empresas para administrar sus empleados y hacer que ellos acepten sus bajos salarios. La falta de proyectos, la competición cada vez mayor, son argumentos utilizados en la actualidad. No es raro ver arqueólogos durmiendo en autos u hoteles de baja categoría y comiendo mal en nombre de economizar el dinero de la diaria. ¿Quién puede trabajar de forma apropiada ganando poco, durmiendo y comiendo mal? Las empresas se aprovechan de la falta de reglamentación de la profesión de arqueólogo para extorsionar a sus empleados y establecer salarios bajos.

## Apropiación de la producción intelectual

Informes sobre los diferentes saberes involucrados en los trabajos de campo y laboratorio son apropiados en nombre de las empresas. La individualidad del conocimiento es masificada en nombre de la empresa o de aquel que posee la autorización para investigar. Es como si aquel que tiene el permiso para investigar fuese una especie de súper arqueólogo y consiguiese saber al mismo tiempo y con gran propiedad de campos tan diversos como arte rupestre, cerámica, loza, material lítico lascado, arqueología subacuática, etc. En este sentido, la arqueología comercial asume lo peor tanto del modelo de acumulación fordista como del modelo de acumulación flexible o toyotista. Si por un lado existe una total apropiación de la fuerza de trabajo, de energía física y espiritual del arqueólogo, también existe una apropiación del conocimiento y de la información que pasa a ser controlada por la empresa. Se publica si la empresa lo permite, se divulga si la empresa da autorización. El lado más nefasto de esta práctica es que, controlando las prácticas de divulgación del conocimiento, lo que supuestamente debería ser una obligación de las empresas, el arqueólogo empresario perjudica el crecimiento de sus contratados. Imaginen por ejemplo un arqueólogo empresario que pasa años totalmente dedicado a la gestión de su empresa. Probablemente tendrá poco tiempo para actualizarse y publicar. Al mismo tiempo, cuenta con decenas de arqueólogos, muchos de ellos con más tiempo libre y ávidos de hacer una publicación. Es natural pensar que rápidamente los arqueólogos superaran al arqueólogo empresario tanto en cantidad como en calidad de artículos. ¿Qué empresario puede permitir que un empleado tenga una jerarquía mayor que la de él? Muchos dirán: pero hay empresas que fomentan maestrías y otras investigaciones científicas. Sí, es verdad. Pero eso sucede solamente hasta determinado momento, incluso porque el crecimiento del empleado representa un salario mayor. Al final, es siempre la empresa quien gana pues al permitir una investigación de graduación o maestría, no solo se realiza el trabajo que se tiene que hacer en el licenciamiento como también se mantiene la fidelidad del empleado, que por querer hacer una investigación seria, hará todo lo necesario con cero costos para la empresa.

## Apropiación del cuerpo y de los sentidos

Tal vez de todos los males de la llamada arqueología comercial, la apropiación de los cuerpos y los sentidos sea el más nefasto, ya que naturaliza comportamientos y anestesia los individuos impidiendo una relación crítica no solo con su trabajo, mas también con el mundo. Al someterse a regímenes de trabajo intensos, los arqueólogos ven sus cuerpos adormecidos y su capacidad de pensar comprometida. Al someterse a horarios predeterminados, ven su día a día objetivado. Al ser privados de una buena alimentación, descanso y diversión, acaban siendo privados de la oportunidad de entrar en contacto con diferentes materialidades, diferentes sabores, diferentes imágenes, sonidos y texturas. Al someterse a metodologías congeladas, poco reflexivas, condicionan sus cuerpos y sentidos en función de un modelo específico de relación con el mundo que parte del principio de distanciamiento. Se privilegia la mirada y se presta poca atención a los demás sentidos, al cuerpo y a otras formas de relación. Eso resulta en el mantenimiento de formas hegemónicas de hacer ciencia. Al no permitir al arqueólogo explorar otras formas de lidiar con la materialidad del sitio, de los objetos, del paisaje, se perpetúa un modelo ocularcentrista que pasa a ser reproducido sin cuestionamientos en el día a día. El mayor problema, sin embargo, es que esa postura ocularcentrista, distanciada, presupone que todos en el pasado se relacionaban con el mundo de la misma forma. Pero no todos fueron o son capitalistas. No todos se relacionan con su mundo a partir de evidencias apenas visuales. ¿Qué decir de los kalulis de Papúa Nueva Guinea que piensan su mundo a través de los sonidos, o de los desana, que conciben su entorno a partir de olores? ¿No estamos privándolos de la posibilidad de ser diferentes a nosotros?

Daré un ejemplo: imaginen un grupo cultural que piensa el paisaje a partir de sonidos. Pues bien, los sonidos varían de acuerdo con la estación, de acuerdo con la presencia o ausencia de animales, de plantas, de humedad, de viento. Siendo así, el sonido es un elemento dinámico que varía con gran frecuencia. Imaginen que este grupo anda y se encuentra en el paisaje a través de evidencias que son sonoras y no visuales, ¿será que nuestro enfoque métrico visual, que impone una cuadrícula cartesiana y estática sobre el mundo con sus GPS, con sus estaciones totales, sus cintas métricas, consigue analizar este paisaje que es tan dinámico y cambia estacionalmente? ¿Cómo entender un paisaje que fue pensado, vivido y experimentado a partir de elementos no visuales a partir de metodologías que privilegian la visión? ¿No parece una incongruencia?

Pensemos otro ejemplo, una cultura que fabrica su artefactual a partir de elementos olfativos. Imaginemos que la materia prima utilizada para la fabricación de vasos cerámicos tiene como principio el olor de la arcilla y de los antiplásticos. Pensemos que según el olor de la pieza la misma será utilizada para una finalidad y no para otra. Pero nosotros tomamos la pieza y con base en un análisis fordista que se enfoca en la forma y decoración clasificamos todo el material sin dar oportunidad de pensar en otros tipos de organización que no se base en elementos visuales. Nada más equivocado ante una cultura que concibe sus objetos a través de sus olores.

Al privilegiar la visión en nuestras metodologías de campo y laboratorio en nombre de la maximización del tiempo y del lucro, estamos privándole de la posibilidad al otro, de aquel que intentamos estudiar, de pensar diferente, de ser diferente. ¿Dónde está la tal multivocalidad que dice estar presente en ciertos trabajos de arqueología comercial, si no damos la posibilidad al otro de pensar diferente de nosotros, de ser diferente de nosotros?

Pero para pensar metodologías que dejen espacio a lo diferente, a lo extraño, es necesario tiempo e inmersión. Pero permanecer en campo experimentando el paisaje, dándole la posibilidad al medio de revelarse o quedarse en el laboratorio vivenciando los artefactos al punto de reflexionar sobre posibilidades alternativas cuesta dinero. Gastar dinero proporcionando tiempo para que lo diferente aparezca, reduce el margen de lucro de las corporaciones y esto es inimaginable en el mundo comercial.

## La gestación del arqueólogo-obrero

Lo peor de todo este escenario es que por lo menos en Brasil la creación de los cursos de graduación en Arqueología atiende a las demandas del mercado. Con los cambios en las leyes ambientales en Brasil y la necesidad de proyectos de licenciamiento ambiental se creó una demanda de mercado por nuevos arqueólogos. Con eso, varios cursos de graduación en arqueología fueron abiertos. Aunque muchos arqueólogos han festejado la creación de estos cursos, porque permitió la expansión de la disciplina, es necesario hacer un análisis más crítico.

En primer lugar aunque la ecuación «arqueología de contrato + demanda de profesionales = cursos de graduación» parezca natural, creo que es problemática, ya que la arqueología de contrato sigue una lógica muy específica que ve el pasado como producto y el registro como documento (Pellini, 2014). Como yo mismo dije en 2014, creo que no es coincidencia que buena parte de los proyectos de arqueología de contrato asuman un modelo de registro arqueológico preservacionista, pues, al pensar el registro como documento que necesita salvaguarda, así la arqueología de contrato alcanza dos grandes objetivos: recolecta y, así, preserva el pasado, al mismo tiempo que mecaniza las metodologías de campo cortando costos.

En segundo lugar, tenemos que considerar que la mayoría de los arqueólogos en Brasil e incluso en América Latina, siguen corrientes histórico-culturales. Aunque podemos pensar que en las clases los arqueólogos-profesores ofrezcan a sus alumnos un cuadro más completo de los diferentes abordajes de la arqueología, no es lo que sucede simplemente porque los arqueólogos-investigadores no han sido entrenados para convertirse en arqueólogos-profesores. De esta manera se perpetúa un modelo teórico que, como dije arriba, atiende perfectamente a las prácticas comerciales.

Aquí se suma otro problema, o sea, las prácticas educativas en Brasil. La necesidad de aprobar cada vez más alumnos para así mejorar los índices sociales en el país compromete la formación de los alumnos. De esta manera los alumnos salen de las universidades sin la debida formación. Muchos de ellos incluso a lo largo del curso de graduación pasan a trabajar en la arqueología comercial. Algunos incluso abren empresas antes de que se formen. ¿Qué tipo de arqueología se está haciendo cuando tenemos alumnos aún no formados desarrollando proyectos de contrato?

Hay que considerar también algo más serio desde el punto de vista ético que es la asociación entre empresas de contrato y universidades. Como muchas universidades no tienen condiciones de ofrecer a los alumnos clases de prácticas de campo, lo que hemos visto son empresas ofreciendo sus trabajos de contrato para suplir esta necesidad. Una clase en la que el alumno debería aprovechar para cuestionar los límites de la arqueología se vuelve en la reproducción de técnicas mecanizadas. Al final la arqueología pasa a ser enseñada como una técnica. Para la empresa eso es óptimo no solo porque esta formando gente que en el futuro puede ser aprovechada en los trabajos de licenciamiento, sino también porque no necesita tener que pagar salarios a los alumnos si se trata de un campo escolar. Por no hablar de los profesores de universidad que mantienen empresas de arqueología y utilizan a sus propios alumnos como mano de obra con la excusa de que están teniendo oportunidades de trabajar y ganar dinero.

Al final estamos dando nacimiento a toda una generación que piensa la arqueología como una técnica, que ve los problemas teóricos y éticos de la práctica arqueológica como simples devaneos, que creen en la práctica de preservación independiente de lo que esto pueda significar desde el punto de vista ético, que no se preocupan por los elementos políticos de la práctica disciplinaria, pues creen que la ciencia es neutra y no tiene que involucrarse en política. Estamos creando una generación que sigue actuando como obreros anestesiados sin darse cuenta de ello.

## Un sueño de infancia

Muchos dirían que solucionar la mayoría de los problemas que he citado arriba es simple: basta cambiar algunas de las normas de trabajo. Se crean mejores condiciones en el campo y en el laboratorio, se mejora el salario de los arqueólogos obreros, se da más tiempo para la investigación, se da más apertura a nuevas posturas metodológicas. Pero ¿cómo cambiar si todavía quedará un compromiso con el lucro? ¿Cómo cambiar y mejorar si todavía quedará un compromiso con las ontológicas tecnificistas, distanciadas, las ontologías modernas y capitalistas? En mi opinión resolver los problemas de la arqueología comercial no es simple y no es fácil. Lo que está mal no es la manera de hacer arqueología comercial, sino la propia arqueología comercial, comprometida con ideologías de mercado que objetivan el cuerpo del arqueólogo, anestesian sus sentidos, tecnifican la práctica disciplinaria y se comprometen con ideologías progresistas y extractivistas. Me pregunto: ¿de qué sirve gritar contra gobiernos de ultra derecha, contra golpes de estado, si al final la arqueología autoriza la construcción de grandes hidroeléctricas que expulsan nativos de sus tierras ancestrales? Me pregunto: ¿de qué sirve salir a las calles y luchar por la democracia, por igualdad social e ir al campo a autorizar una línea de transmisión de energía que va a rasgar recuerdos, paisajes y personas?

Me siento cómodo para hablar de arqueología comercial, porque he vivido dentro de este sistema durante más de diez años. Salí porque dejé de creer lo que yo hacía. Tener contacto con otras formas de pensamiento, sobre todo la fenomenología, el pensamiento poshumanista, las teorías relacionales me hicieron golpear de frente con el sistema. No podía dormir ni trabajar. Para mí la arqueología siempre fue un sueño, una fantasía de infancia. Decidí convertirme en arqueólogo muy temprano, con siete años de edad, influenciado por mi madre y por los libros de la biblioteca de mi casa. Cuando entré en la universidad y empecé a trabajar fue la realización de todos mis sueños. Pero el tiempo me fue anestesiando. La secuencia ininterrumpida de trabajos, de informes, me fue transformando en un obrero. No tenía más tiempo para pensar, para buscar nuevos caminos, para criticarme. No tenía más tiempo para recordar lo que realmente me gustaba en la arqueología. No tenía más tiempo para recordar lo que me hacía seguir actuando en la arqueología. La arqueología no tenía más sentido para mí, era solo un medio para ganar dinero y sobrevivir. No era más el arqueólogo que soñé con ser cuando era niño. La arqueología no me desafiaba más, no me hacía pensar. La arqueología no era más divertida. No me importaba más lo que yo hacía, como yo hacía y donde yo hacía, lo importante era hacer más trabajos de campo, escribir más informes y así ganar más dinero. He cambiado el sueño, la pasión por el dinero y la anestesia.

Salir de la arqueología comercial no fue fácil. Incertidumbre, falta de dinero y empleo. Yo tardé en entender cómo la ideología moderna y capitalista infunde en nosotros la necesidad de estabilidad, la necesidad de ser productivos, de asociar dinero a la competencia intelectual.

Hoy, exponer mi opinión, la opinión de quién vivió dentro del sistema durante mucho tiempo, me rinde críticas enardecidas que provienen de aquellos que gestionan este sistema, es decir, los grandes empresarios arqueólogos y también de aquellos que sobreviven del sistema, o sea de los arqueólogos obreros. Ya fui llamado «malandro» y otras cosas más. Ya dijeron que «escupo en el plato del que comí». A mí no me preocupa eso, desde que ahora hago lo que creo. Lógico que quería ganar más. Lógico que yo quería tener una vida más cómoda. ¿Quién no quiere? Pero ¿cuál es el costo de eso? ¿Reproducir ontologías que anulan, que sacrifican, que colonizan y domestican al otro? ¿Reproducir ontologías que mecanizan el mundo? Miren en qué mundo vivimos hoy con golpes contra estados democráticos, con migraciones masivas, con el exterminio de grupos sociales (palestinos, kurdos, nativos sudamericanos), con el dinero orquestando la vida de todos. ¿Es el mundo que queremos? Si queremos un mundo diferente tenemos que repensar nuestro papel como arqueólogos como científicos y principalmente como humanos.

Hoy pienso que el problema no está solo en la arqueología comercial, aunque es su principal síntoma. Pienso que tal vez el problema no sea la arqueología comercial o los empresarios arqueólogos. No creo tampoco que el problema sean las grandes corporaciones que están presentes en la práctica disciplinar o la ideología de mercado y mucho menos el arqueólogo, pues parte de todos los problemas que están presentes en la arqueología comercial están también presentes en la arqueología académica. Hoy pienso que tal vez el problema sea la propia arqueología, una ciencia concebida y fundada sobre la lógica moderna capitalista, una lógica que perpetúa modelos distanciados y ocularcentristas, estructuras de poder que presuponen campos de verdades y lugares de autoridad y prácticas que ayudan en el proceso de objetivación del yo y del otro. Esa es la esencia de la arqueología. Acabar con eso sería acabar con la propia arqueología como la conocemos. Repensar esas estructuras, esa esencia, resultaría en el «fin de la arqueología».

Muchos pensadores posmodernos dentro de la arqueología, a través de posturas como el multiculturalismo intentaron resolver estas cuestiones, pero lo que hemos visto es solo una retórica de cambio y así los problemas centrales continúan e incluso se agravan como en el caso de la arqueología comercial. Que tenemos que seguir actuando, discutiendo, alertando, pues mientras autorizamos más un emprendimiento inmobiliario, más una hidroeléctrica, más una carretera, las personas son sacadas a la fuerza de sus casas, las personas tienen sus pasados anulados y son ignorados por aquellos que deberían cuidar de sus historias y de sus memorias.

Tal vez sea justamente la hora de empezar a pensar otras formas de aprehender y aprender sobre el pasado, sobre el presente y sobre la materialidad que nos rodea. Tal vez sea la hora de abandonar la arqueología y buscar un medio de adoptar una postura más simétrica, ontológicamente relacional, políticamente comprometida, poshumana y sobretodo, que no imponga sobre el otro modelos de verdad. Tal vez sea la hora de volver a soñar los sueños de la infancia...

## Referencias

AUGÉ, M. 2006. «Sobremodernidade: do mundo tecnológico de hoje ao desafio essencial do amanhã». En Moraes, Dênis de (org.). *Sociedade midiatizada*. Mauad: Río de Janeiro, 2006, 99-117.

BENJAMIN, W. 2006. «On Some Motifs in Baudelaire» Trad. Harry Zohn. *Walter Benjamin: Selected Writings*. Vol. 4 1938-1940. Ed. Howard Eiland and Michael W. Jennings. Belknap Press of Harvard University Press: Cambridge, Mass. and London, 313-355.

BENJAMIM, W. 1975. «A obra de arte na era de sua reprodutibilidade técnica». En *Os Pensadores*. Trad. José Lino Grünnewald.Abril Cultural: São Paulo.

BRADLEY, R. 2006. *Bridging the two cultures: commercial archaeology and the study of british prehistory.* Presentado en la Society of Antiquaries of London. [online] Disponíble en: www.sal.org.uk/downloads/ bridging-two-cultures.

BUCK-MORSS, S. 1993. «Aesthetics and Anaesthetics: Walter Benjamin's Artwork Essay Reconsidered», *New Formations,* 20 (1993), 123-143.

BURAWOY, M. 1990. «A Transformação dos Regimes Fabris no Capitalismo Avançado», *Revista Brasileira de Ciências Sociais,* n. 13, año 5, 29 –50.

CASTRO, O.; PEREIRA, P. 2014. «Fábrica de corpos: corpo e poder na Fundição Tupy», *Interface. Comunicação, Saúde e Educação,* 18. Disponibe enhttp://www.redalyc.org/toc.oa?id=1801&numero=31153

CHADWICK, A. 2003. «Post-processualism, professionalisation and archaeological methodologies. Towards reflexive and radical practice». *Archaeological dialogues,* 10 (1), 97-118.

CONTRERA, M. 2002. *Mídia e Pânico. Saturação da Informação, Violência e Crise Cultural na Mídia.* Anablume: São Paulo.

DARVILL, T.; RUSSELL, B. 2002. *Archaeology after PPG16: archaeological investigations in England 1990-1999.* Bournemouth University School of Conservation Sciences Research Report 10. Bournemouth in association with English Heritage, Bournemouth and London.

DEJOURS, C. 1999. *A banalização da injustiça social.* FGV: São Paulo.

DEJOURS, C. 1987. *A Loucura no Trabalho: Estudo de Psicopatologia do Trabalho São Paulo.* Oboré/Cortez.

GRAMSCI, A. 1978. «Americanismo e Fordismo». En *Obras Escolhidas,* Martins Fontes: São Paulo. .

GORZ, A. 2003. *Metamorfoses do Trabalho.* Annablume.

HARVEY, D. 1990. «Time-Space Compression and the Postmodern Condition. En Harvey, D. *The Condition of Postmodernity. An Enquiry into the Origns of Cultural Change.* Blackwell: Oxford, 284-307.

HARVEY, D. 2000. *Condição pós-moderna: uma pesquisa sobre as origens da mudança cultural.* (Adail Ubirajara Sobral e Maria Stela Gonçalves, trad.), Edições Loyola: São Paulo.

HAUG, W. 1986. *Critique of Commodity Aesthetics: Appearance, Sexuality and Advertising in Capitalist Society,* University of Minnesota Press: Minneapolis.

HILLMAN, J.; VENTURA, M. 1995. *Cem anos de psicoterapia e o mundo está cada vez pior.* Summus: São Paulo..

HIRATA, H. 1988. «Divisão social e processos de trabalho na sociedade japonesa». En *Estudos Japoneses - Revista do Centro de Estudos Japoneses da Universidade de São Paulo* Vol. 8, 35-42.

HOWES, D. 2004. «Hyperaesthesia, or The Sensual Logic of Late Capitalism». En *Empire of the Senses.* Ed. David Howes.Berg: Oxford, 2004, 281-303.

LINHART, D. 1999. En: Santon J. *L ' Usure mentale du salarié de l'automobile.* Lundi, 26 Avril.

MATAREZI, J. 2006. «Despertando os sentidos da educação ambiental». *Educar,* Curitiba, n. 27, 181-199.

MARX, K. 1985. *O Capital: o processo de produção do capital.* Nova cultural: São Paulo, v.1, t. 2.

MENDES, A. 2013. «Psicodinâmica e clínica do trabalho: algumas notas sobre a trajetória brasileira». En Andrea Pujol y Constanza Dall´Asta (eds), *Trabajo, actividad y subjetividad. Debates Abiertos*, Córdoba, 21-31.

MORIN, E. 1986. *Para sair do século XX*. Nova Fronteira: Río de Janeiro.

PELLINI, J. 2011. «Nem melhor nem pior. Apenas uma escavação diferente». *Revista do Museu de Arqueologia e Etnologia da Universidade de São Paulo*, n. 21, 3-15.

ROUANET, S. P. 1990. *Édipo e o Anjo: Itinerários Freudianos em Walter Benjamin*. Ed. Tempo Brasileiro: Río de Janeiro.

SILVA, F. 2004. «Apropriação da subjetividade da classe trabalhadora: burocracia e autogestão». En Vietz, C.G. e Ri Dal, N.M. (orgs) *Organizações e Democracia*. Unesp Publicações: Marília, v.5 n.1, 25-38.

SVARTMAN, B. 2010. *Trabalho e Desenraizamento Operário Um estudo de depoimentos sobre a experiência de vida na fábrica*. Tesis presentada en el Instituto de Psicología de la Universidad de São Paulo como parte del programa de doctorado.

SWALWELL. M. 2012. «A Critique of the Hyper State: Aesthetics, Technology and Experience». *Transformations*, No. 22, Hyperaesthetic Culture. Disponible en http://www.transformationsjournal.org/journal/issue_22/article_01.shtml

TRAVASSOS, M. 2009. *Estética do choque –arte e política em Walter Benjamin*. Tesis de Maestría, Facultad de Filosofia, UFCE.

ZARANKIN, A.; PELLINI, J. 2012. «Arqueologia e Companhia: Reflexões sobre a Introdução de uma Lógica de Mercado na Prática Arqueológica Brasileira». *Revista de Arqueologia*, SAB, 25, 2, 46-63.

WEIL, S. 1996. *A condição operária e outros estudos sobre a opressão*. Paz e Terra: São Paulo.

# CAPÍTULO 2

# LA RENOVACIÓN DE UN DESPOJO FUNDACIONAL: LA COMPLEJA RELACIÓN ENTRE LA ARQUEOLOGÍA DE CONTRATO, LA ACUMULACIÓN PRIMITIVA Y LOS INDÍGENAS

Gustavo Verdesio

*University of Michigan*

No es un secreto para nadie que la arqueología de contrato es una práctica que se ha popularizado considerablemente en los últimos años en buena parte de Latinoamérica. También es de público conocimiento que un número importante de arqueólogos ha publicado entusiastas elogios a las bondades de dicho tipo de práctica. Ello es comprensible en un contexto que, como el latinoamericano, se caracteriza por una endémica falta de fondos para la investigación, donde a menudo los arqueólogos ven frustrados, por esa razón, sus proyectos y aspiraciones. Por ello propongo echar un breve vistazo a lo que sus practicantes y promotores tienen para alegar a favor de la arqueología de contrato, a fin de pasar revista, más adelante, a lo que dicen sus detractores, para luego discutir su relación con los indígenas. Sobre el final, ofreceré unas breves reflexiones sobre la situación en Uruguay, que tiene la peculiaridad de ser imaginado por sus ciudadanos como «país sin indios».

Antes que nada, conviene aclarar que a menudo existe cierta confusión terminológica debido a que este tipo de arqueología es llamada de formas diferentes por los arqueólogos. De todos esos términos, el más frecuente es «de rescate». Pero «de contrato» y «de rescate» no deberían ser consideradas la misma cosa, dado que un rescate arqueológico puede ser realizado por investigadores de una universidad sin entrar en las reglas del mercado que hacen que los servicios de rescate se enmarquen en la esfera privada, en una práctica regulada por un contrato entre particulares, en el cual una de las partes se compromete a llevar a cabo ciertas acciones a cambio de una contraprestación económica. Sea como fuere, en este trabajo voy a considerar algunos textos que hablan de arqueología de rescate tanto en sentido propio como en los usos en los que significa «de contrato». Una definición operativa podría ser la que ofrece María Soledad Solórzano (2007: 107): «Una forma de minimizar, o dicho de mejor manera, de mitigar el impacto arqueológico potencial del momento en el que se necesita realizar una remoción del suelo para construir cualquier infraestructura».

Antes que nada, correspondería hacer algunas precisiones sobre el tono con el que algunas publicaciones recientes se refieren a la arqueología de contrato. Estoy pensando en sitios web como Espaço Arqueología, dedicado a temas arqueológicos, o Itaú Cultural, donde se pueden leer comentarios sobre ese tipo de arqueología. En ellos el tono es, por lo general, informativo y neutral (como el de la entrada de Espaço Arqueología), pero no exento de pasajes donde predominan las connotaciones francamente positivas como, por ejemplo, los dichos del autor anónimo de Itaú Cultural que estuvo a cargo de la entrada ARQUEOLOGÍA DE CONTRATO, quien sostiene que este tipo de arqueología «abrio um delicado e novo campo de discussao: o que merece ser preservado, e o que pode ser destruido?». La forma en que está redactado este texto parece sugerir que antes del advenimiento de la arqueología de contrato los arqueólogos no se cuestionaban sobre estos temas, lo cual sabemos que es falso. Ese mismo autor anónimo sostiene, además, que esas mismas prácticas han permitido que se investigaran regiones y áreas del territorio poco estudiadas antes de su advenimiento. Por último, sostiene que el desarrollo económico es totalmente compatible con la preservación del patrimonio cultural de una nación.

En algunas publicaciones académicas tampoco es raro encontrar artículos sobre las prácticas de ese tipo de arqueología que la presentan como un *fait accompli*, como algo inevitable, razón por la cual ni siquiera se molestan en preguntarse sobre su legitimidad o conveniencia. Un buen ejemplo es el trabajo de María Cristina Mineiro Scatamacchia (2009: 97-99) sobre la educación patrimonial que se produce como consecuencia de las actividades de salvataje arqueológico. Su principal preocupación no es la conveniencia o no de agujerear la tierra para promover un modelo económico extractivista, sino la ausencia de materiales educativos y didácticos sobre cuestiones arqueológicas y patrimoniales. Su objetivo principal es valorizar las herencias culturales para contribuir a la producción de identidad cultural y ciudadanía, además de hacer las veces de acción mitigadora de los efectos de la realización de obras de gran impacto ambiental. Es recién en esta frase, que es aquella con la que termina el artículo, que aparece por primera vez la sombra de una duda, una pista para pensar que tal vez este tipo de emprendimientos económicos no tenga solamente efectos positivos para la comunidad.

Si los lectores se preguntan por qué hasta ahora vengo citando solo textos en portugués, se debe a que el país latinoamericano donde más se practica ese tipo de arqueología es Brasil, donde el desarrollo económico de los últimos años ha generado una demanda cada vez mayor de mano de obra arqueológica y donde, según algunos autores, el 95 % de la arqueología que se lleva a cabo es de contrato (Pierro, 2013: 73). Es por eso que algunos creen, como Charles da Silva de Miranda (director de una empresa especializada en consultorías arqueológicas para cuestiones ambientales), que en ese país el arqueólogo debe estar preparado para lidiar con el mercado, saber elaborar un presupuesto, o gerenciar una empresa (ibídem). Pero lo cierto es que Brasil no es el único país latinoamericano donde ese tipo de arqueología relacionada al desarrollo económico y al mercado capitalista está entrando con éxito. Prueba de ello son los trabajos académicos de arqueólogos de países como Argentina, Colombia, Ecuador, e incluso Uruguay —donde hasta el momento, como veremos más tarde, no hay ni excavaciones para encontrar petróleo ni proyectos de megaminería— donde se habla en términos elogiosos o positivos sobre ese tipo de prácticas.

Un ejemplo es el trabajo de la ya mencionada Solórzano quien, a pesar de reconocer algunas de las limitaciones de este tipo de práctica arqueológica (por ejemplo, que sus estudios se limitan a la zona de obras y no se ocupan de áreas circundantes relevantes para el estudio arqueológico, o el afán mercantilista o crematístico que desarrollan algunos investigadores, entre otras), también se dedica a señalar las bondades de ella, como por ejemplo, que por su causa se hayan dado pasos importantes en la comprensión de algunos grupos indígenas de la Amazonia Norte de Ecuador (Solórzano, 2007: 125).

Otro ejemplo, esta vez proveniente de Colombia, es el trabajo de Carlo Emilio Piazzini, quien sostiene que la arqueología de contrato tiene «un incipiente papel en la formación académica y el desarrollo reflexivo de la disciplina» (2001: 24), sin preguntarse (al menos en ese texto) por las causas políticas y económicas que hacen que esto sea así. Luego pasa a defender a la arqueología de contrato de aquellos que alegan que es menos científica o menos rigurosa que la arqueología practicada por investigadores afiliados a universidades, debido al limitado tiempo de que se dispone para llevar a cabo la investigación, diciendo que este problema logístico no es exclusivo de ese tipo de arqueología (ibídem: 26). El verdadero problema, sostiene, es la falta de formación de los arqueólogos en lo referente a la planificación del uso de los recursos y de su trabajo (ibídem)[1]. Va más allá

---

1 Wilhelm Londoño (2013: 150-151) discrepa (sin aludir a los dichos de Piazzini) con esta representación del estado de cosas en Colombia, afirmando que los resultados de la mayoría de los

en su defensa y agrega que las críticas que se han hecho al status científico de las investigaciones desarrolladas en ese marco no deben verse como un asunto meramente epistemológico sino también como una cacería de brujas que está fuertemente relacionada a la búsqueda de autoridad (ibídem: 30) y que se relaciona con los problemas que surgen de cierto recambio generacional, en el que las nuevas generaciones apelaron más frecuentemente a la financiación del tipo contractual (ibídem)[2]. Sus conclusiones al final del artículo son otra forma del reconocimiento de la arqueología de contrato como *fait accompli*: ante su innegable presencia, lo que hay que hacer es reevaluar los modelos pedagógicos tradicionales para «diseñar una formación profesional más acorde con las perspectivas de desempeño actuales (ibídem: 37). Ese tipo de arqueología está ahí para quedarse y, por lo tanto, la disciplina tiene que adaptarse a ella.

No todos los arqueólogos que defienden la arqueología de contrato son tan moderados y sutiles como Piazzini. Otros, como la argentina Norma Ratto, hacen un alegato mucho más entusiasta. Lo interesante es que la autora citada lo hace desde una perspectiva científica, pues según ella, ese tipo de arqueología ha incrementado el conocimiento del «acervo cultural prehispánico» y agrega, significativamente, «siendo este aspecto de suma importancia cuando se retroalimenta con la esfera científica-académica» (2009: 51). En ese mismo trabajo, manifiesta clara y explícitamente su intención de mostrar cómo el conocimiento obtenido por la arqueología de contrato contribuye al conocimiento prehispánico regional (ibídem: 52). En dos de los casos que discute (uno en Patagonia y dos en el noroeste argentino), se destacan, según ella, dos hallazgos que no se hubieran

---

informes de proyectos de arqueología de contrato que ha podido leer en la biblioteca del ICANH en Bogotá, se basan en los principios de la ya anacrónica escuela histórico-cultural. Agrega que la arqueología colombiana está dominada por el mercado, ya que solo hay, según sus cálculos, unos veinte arqueólogos trabajando en universidades colombianas.

2 Su posición queda bien representada en esta frase: «Resulta dogmático e inútil para un ejercicio crítico que quiera aportar al desarrollo de una disciplina de conocimiento, señalar de antemano que los resultados poseen o no, calidad científica, conforme sean producidos por entidades públicas o privadas, por "financiación" o "contratación", según se inscriba en una u otra postura política (Piazzini, 2001: 29).

podido hacer de no haber existido una legislación que exigiera una acción de rescate por parte de la arqueología: en el caso de la Patagonia, el haber podido hacer trabajo arqueológico fuera de las épocas típicas (el verano) determinadas por el calendario escolar que los profesores e investigadores universitarios deben respetar, le permitió al equipo de investigación ver procesos naturales que no son observables en verano pero cuyas consecuencias tienen serios efectos en el registro arqueológico (ibídem: 54-58, 67), y en el caso del oeste catamarqueño, el rescate del entierro de un niño en una urna fue posible gracias a que fue encontrada en la etapa de monitoreo[3] del proyecto de infraestructura (una obra vial) que motivó el salvataje (ibídem: 59-62). Estaríamos entonces, según la autora, ante dos casos en que la práctica de la arqueología de contrato fue capaz de aportar al proceso de producción de conocimiento en el marco de la ciencia académica (ibídem: 67).

Desde Chile también surgen voces que defienden y promueven la práctica de ese tipo de arqueología. Iván Cáceres Roque y Catherine Westfall intentan demostrar lo difícil que es hacer arqueología en el marco jurídico e institucional provisto por el Sistema de Evaluación de Impacto Ambiental (SEIA) chileno. La falta de criterios unificados para las preguntas a hacerse (¿cuánto excavar?, etc.), la ambigüedad en algunas definiciones (sitio arqueológico, monumento arqueológico, etc.), son algunos de los problemas que requieren, según ellos, solución (2004: 483-484). Pero lo que acaso más les preocupa es que haya unos cuantos arqueólogos que no consideren como arqueología a los trabajos que se realizan en el marco del SEIA (ibídem: 484). Su respuesta a esos detractores es, simplemente, descalificarlos: ellos no conocen el tema y no han tenido experiencia ni práctica en ese tipo de arqueología (ibídem). Peor aún, las voces que desprecian a los trabajos arqueológicos de ese tipo, provienen de los sectores más privilegiados de la arqueología chilena: de

---

3 Según la literatura especializada, las etapas que cumplen los proyectos de rescate arqueológico son las siguientes: diagnóstico, prospección, rescate propiamente dicho, y monitoreo del proyecto de construcción de infraestructura (Espaço Arqueologico; Solórzano, 2007: 109-111).

aquellos que ya están bien establecidos y pueden practicar la disciplina desde instituciones (universitarias, por ejemplo) que les financian sus proyectos de investigación (ibídem: 485). Esos detractores, según los autores, no estarían entendiendo que en las sociedades modernas todo cambia y, como no podía ser de otra manera, que esos cambios se dan también en la práctica arqueológica: ¿por qué despreciar o ignorar los nuevos desafíos que la sociedad presenta hoy a la disciplina? ¿Por qué despreciar esa práctica incipiente? (ibídem).

También se defienden de otra acusación que se le hace a los trabajos producidos en el marco del SEIA: que son demasiado descriptivos, que muchos trabajos se contentan con la mera descripción en el terreno de la arqueología académica tradicional y en el de la que practican los encargados regionales, pero nadie se queja de ello con el mismo énfasis (ibídem). En cuanto a la carencia teórica, sostienen que esa limitación tampoco es exclusiva de los que hacen arqueología de contrato (ibídem). Pero la defensa que, si no me equivoco, les parece más fuerte es que ese tipo de arqueología:

> ha significado una importante fuente de trabajo para una gran mayoría de arqueólogos no institucionalizados que han podido canalizar aquí uno de sus más caros intereses: permanecer en la disciplina y no abandonarla ante la dramática falta de recursos tradicionales para desenvolverse dignamente en ella (ibídem: 485-486).

Sostienen, no sin cierta lógica, que es incoherente que las universidades sigan produciendo arqueólogos si estos no van a poder conseguir trabajo cuando tengan su título en la mano (ibídem: 486). Por ultimo, al igual que Solórzano, estos autores sostienen que gracias a la arqueología de contrato ha sido posible producir conocimiento sobre regiones poco estudiadas o no estudiadas en absoluto, además de contribuir, también, a la acumulación de conocimiento sobre sitios y regiones ya estudiadas o conocidas (ibídem). Y a diferencia de Piazzini, quien tácitamente admitía que el advenimiento de cierta forma de hacer arqueología es un un hecho ya acontecido, estos autores declaran, abierta y explícitamente, que los proyectos de inversión y desarrollos que hacen necesaria la producción de infraestructura «se harán de cualquier manera» (ibídem: 487). Es decir que, como la «fiebre modernizadora no se detendrá, los arqueólogos deben decidir si quedan al margen del problema o si participan activamente en su resolución». La solución, en sus propias palabras, es: «seamos útiles a la nación y hagamos aportes concretos correctivos frente al salvajismo modernizador» (ibídem: 487).

Pero no solo de Latinoamérica surgen voces a favor de esa arqueología que se ha adaptado a las realidades del «salvajismo modernizador»: también se ha dejado oír la de Tom Dillehay (2004), figura señera en varias áreas de la prehistoria latinoamericana, quien en el mismo número en que aparece el artículo de Cáceres y Westfall, manifestó su apoyo al desarrollo de ese tipo de arqueología en Chile. Dicho autor manifiesta estar preocupado porque algunos académicos ignoran o denigran (o ambas cosas) a lo que él llama «la consultoría arqueológica y sus resultados», razón por la cual cree que hay que construir puentes entre ambas formas de producir conocimiento arqueológico (ibídem: 531). Pero también propone una serie de cosas para hacer que mejoren la experiencia y la práctica de la arqueología de contrato: entrenamiento de estudiantes en ese tipo de prácticas, establecer programas de certificación serios que contemplen sanciones a los que no cumplan con las reglas, publicitar y publicar los informes surgidos de las excavaciones de rescate, y por último, aunque no es lo menos importante, consultar con los indígenas chilenos (ibídem: 533). Estamos, entonces, ante otro autor que, como Piazzini, Cáceres y Westfall, acepta el advenimiento de esa nueva forma de hacer investigación arqueológica como algo inevitable.

Por último en esta lista de simpatizantes de esas prácticas arqueológicas, veamos lo que dicen Laura Beovide y Marcela Caporale (2009), arqueólogas uruguayas. Según ellas, el desarrollo económico y urbanístico de los últimos años en la región estudiada ha tenido efectos negativos en el patrimonio arqueológico (ibídem: 13). Es en el marco de esta situación que hacen su propuesta de investigación, que se desarrolla bajo la óptica de la gestión integral del patrimonio arqueológico, que abarca tanto la investigación como la protección y la puesta en valor de dicho patrimonio (ibídem: 15). Uno de los aportes de su investigación es haber extendido la fecha del comienzo de la ocupación humana de ese territorio al quinto milenio antes del presente (ibídem), en tanto que otro consiste en haber logrado, gracias a los trabajos de investigación previos a la construcción de 50 torres de alta tensión, que el ente autónomo gubernamental UTE (Usinas y Transmisiones Eléctricas) cambiara los lugares donde pensaba erigir algunas de ellas (ibídem: 19). También lograron que algunas áreas fueran protegidas y, por lo tanto, quedaran excluidas del emprendimiento iniciado por UTE (ibídem: 20). Entre las virtudes que le encuentran a los que llaman Estudios de Impacto Arqueológico (EIA), se hallan las siguientes: se han podido abordar áreas completamente desconocidas para la historia de la arqueología uruguaya, se ha conseguido financiación (algo muy difícil de obtener en Uruguay, dicho sea de paso) para trabajos de investigación, se ha podido recuperar información de sitios en situación de riesgo y, por último, ha permitido que surja cierto diálogo interdisciplinario en el marco del estudio de impacto ambiental (ibídem). Otras virtudes de este tipo de trabajo es que puede llegar a generar condiciones favorables para el desarrollo sustentable de las poblaciones locales (ibídem: 21).

A pesar de este tono positivo con el que describen las bondades de la arqueología de rescate, las autoras no tienen una mirada sesgada sobre las actividades y proyectos que desarrollan. Por el contrario, son capaces de señalar varias debilidades de este tipo de arqueología, como por ejemplo: no todos los proyectos de EIA se han desarrollado en base a un proyecto de investigación preexistente; no ha habido una estrategia regional por parte de los organismos responsables de su aplicación (lo cual impide que haya una articulación coherente de los resultados y hallazgos de todos los proyectos realizados en la misma región); falta de control efectivo, por parte de los organismos responsables, de lo dispuesto por la ley en relación a la implementación de medidas de protección, prevención o mitigación del impacto de las obras; también se ha fracasado en la tarea de impedir la destrucción de algunos sitios que debían haber sido preservados, «puesto que tal cual se lo aplica [se refieren al programa de EIA] no tienen [sic] carácter preventivo»; no se ha fomentado lo suficiente la participación ciudadana en estos proyectos, etc. (ibídem: 20).

Lo interesante de este caso es que las instituciones que proveen la financiación pertenecen, en su gran mayoría, al Estado (ibídem: 30), pero más interesante aun es que las autoras de este trabajo interpreten que las actuaciones profesionales realizadas en ese marco, tales como asesoramiento, elaboración de inventarios, etc., constituyan *per se* elementos de arqueología contractual (ibídem: 28). De modo que ese proyecto del que hablan se encuadra mucho mejor en el marco de la arqueología de rescate y, en algunos de sus aspectos (por ejemplo, en el lograr impedir que las torres de alta tensión se instalaran en lugares que afectaran el patrimonio arqueológico), en el de arqueología preventiva desarrollada en el marco de lo público —como opuesto a aquellas prácticas que se enmarcan en el campo de lo privado, donde el mercado dicta tanto precios como reglas a seguir—. Al mismo tiempo, puede decirse que la gestión del patrimonio (¿de quién?; parecería que del Estado uruguayo o de la nación que, supuestamente, cobija: ver lo que dicen en la página 22) para lograr un desarrollo sustentable de poblaciones locales que proponen las dos arqueólogas uruguayas, se basa en dos conceptos o ideas usadas acríticamente: patrimonio (nacional: ibídem: 22) y desarrollo (ibídem: 31)[4].

---

4 No es infrecuente encontrar, incluso entre los arqueólogos teóricamente más sofisticados, una actitud acrítica en relación a esos conceptos claramente capitalistas y desarrollistas. Es que parecen estar naturalizados. Un ejemplo de ello es la forma en la que nociones tales como «desarrollo autosustentable», «turismo» y otras son discutidas, como al pasar y acríticamente, en el análisis que hace Lucio Menezes (2010: 99) de la arqueología de contrato.

Aquí puede ser oportuno señalar que Piazzini (2001: 28-29), en el artículo comentado más arriba, en su defensa de la arqueología de contrato, critica a aquellos que creen que la calidad científica depende de la naturaleza pública o privada de la financiación. En el caso que nos ocupa, el de una arqueología de rescate financiada por instituciones del Estado uruguayo, es conveniente reflexionar sobre los valores que usamos para pensar esos temas, para evitar dogmatismos: no se puede decir que una gestión pública o estatal es mejor que una privada si la primera nombrada está inspirada por valores tan desarrollistas (es decir, de tan cuño fuertemente capitalista) como los que predominan en la actividad privada. En otras palabras, se trata de una mirada estatal y patrimonialista que es, en algunos aspectos, tan capitalista como la de los empresarios privados que financian la arqueología de contrato en otros países. Vemos así cómo los valores del desarrollismo capitalista se filtran aun en las personas y profesionales que intentan llevar a cabo sus prácticas disciplinarias en el marco de las actividades impulsadas con capitales estatales. De todos modos, hay que reconocer que en un país sin petróleo, ni gas natural, ni megaminería, el tsunami de privatización de la práctica arqueológica todavía dista mucho de producirse.

Como veíamos en el caso de Uruguay, no todo han sido flores para la nueva práctica de la arqueología en el marco del capitalismo tardío. Para el caso de Ecuador, José Echeverría-Almeida (2009) pasa revista a las limitaciones que afectan a la arqueología de contrato en su país. Una de ellas es el énfasis exagerado que se le da al estudio del terreno afectado por las obras de infraestructura, en desmedro de las zonas aledañas que puedan contener información arqueológica relevante para el sitio (ibídem: 39). Otra es que ese tipo de emprendimiento arqueológico tiene como fundamento una obligación legal, de modo que no proviene de una convicción académica, razón por la cual no hay preguntas ni hipótesis previas a la excavación propiamente dicha (ibídem). Otra es que la institución a cargo de asegurar el cumplimiento de las reglas establecidas por la ley para este tipo de operación de salvataje, el Instituto Nacional de

Patrimonio Cultural, suele estar omiso en la tarea de educar e informar al público general (ibídem: 42). También lamenta que tan solo el 20 % de los proyectos de arqueología de rescate entreguen un informe final (ibídem: 43). Pero acaso el problema más grande de ese tipo de práctica en Ecuador sea que, debido a que se pagan los servicios de los arqueólogos por metro cúbico de excavación, no es infrecuente que en algunos de los casos se excave, innecesariamente, de más (ibídem: 44). Sin embargo, y a pesar de todas estas críticas, el autor parece (al menos implícitamente), sobre el final del trabajo, aceptar a la arqueología de contrato como un *fait accompli*, como algo inevitable e irreversible, y acaso por eso recomienda que una forma de paliar este tipo de limitaciones sea el iniciar programas de capacitación para que los arqueólogos estén preparados para lo que él llama «las necesidades actuales de la arqueología [sic]» (ibídem: 46).

Las críticas más duras y de contenido político más fuerte vienen, sin embargo, de autores que, como Ivana Carina Jofré (2013, 2015), identifican a emprendimientos tales como la megaminería como la causa de muchos de los males que enfrentan hoy los indígenas latinoamericanos que tienen la mala suerte de vivir en territorios que contienen recursos naturales deseados por el sistema capitalista y los Estados nacionales. A la situación que se produce a partir de estas políticas de explotación y desarrollo económicos impulsadas por el propio Estado, las llama «saqueo territorial» (2013: 6). Pero esas actividades extractivas no se realizan siempre sin resistencias. Existen esas respuestas de los sectores sociales afectados por esos proyectos, los cuales son caracterizados por Jofré como «procesos de contra-patrimonialización» cuyo objetivo es combatir los discursos de la ciencia y el Estado a fin de defender sus «lugares de memoria» considerados sagrados o fundacionales (2013: 7; 2015: 766). Es que la megaminería no solo tiene un impacto negativo sobre el territorio y las vidas cotidianas de sus habitantes —esto es, genera polución y perturbaciones sociales (2015: 765)— sino que también produce una privatización de los lugares de memoria que antes estaban al alcance de los grupos indígenas que los consideran parte de su patrimonio (ibídem:

769). El problema de la arqueología de contrato, según esta autora, es que al prestarle su lenguaje científico (y, me parece, el prestigio de su historia de prácticas científicas) a estos proyectos extractivos, le es funcional a ellos (ibídem: 766). Por eso Londoño (2013: 154) sostiene que la arqueología de contrato (que él califica como una de las formas de la arqueología para el desarrollo) se haya convertido en el brazo científico de las empresas enmarcadas en el proyecto extractivista y tanto Fabiola Andrea Silva (2015: 836) como Marzia Bezerra (2015: 829) afirman, para el caso brasileño, que la arqueología de contrato es cómplice del autoritarismo burocrático y económico de los proyectos de desarrollo que desdeñan los derechos indígenas. Esto ha sido posible en parte porque, según Loredana Ribeiro (2015: 811), la actitud de una parte importante de los arqueólogos brasileños ante este fenómeno se ha caracterizado, desde los años setenta, por presentarse como predominantemente técnica, con pretensiones de neutralidad científica y por haberse mantenido a distancia de las injusticias causadas por los proyectos de desarrollo.

En este momento me gustaría detenerme en algo que señala Jofré (2015: 766): que el conflicto actual entre indígenas y megaminería tiene raíces históricas que se remontan al siglo XVI. En otras palabras: la minería está íntimamente ligada al colonialismo (ibídem). Otro papel que tiene la arqueología de contrato al servicio del extractivismo es el de contribuir a la apropiación de territorios y memorias indígenas (ibídem: 767). Pero acaso la consecuencia más terrible de la asociación entre la arqueología y el capitalismo extractivista sea la de confirmar las teorías de la extinción de los indígenas y de la discontinuidad étnica entre presente y pasado (ibídem: 768)[5]. En el caso que Jofré estudia, los arqueólogos que la provincia de San Juan contrata para proyectos de rescate se posicionan, por lo general, en contra de los procesos de reemergencia indígena y en contra de los movimientos sociales que se oponen a la megaminería (ibídem: 768) —lo cual tiene sentido, si se piensa que es normal que los

---

5 Silva (2015: 836) señala esa misma operación intelectual realizada por la arqueología brasileña.

contratados tiendan a favorecer los intereses de aquellos que los contratan (ibídem: 770)—[6]. Lo más grave de la situación en algunas partes de la Argentina, según la autora, es que ni siquiera los arqueólogos de algunas universidades se oponen demasiado a este tipo de prácticas disciplinarias, porque los mismos proyectos de megaminería distribuyen fondos entre algunas de esas instituciones de enseñanza e investigación (ibídem: 770).

Algunos autores como Alejandro Haber (2013: 14) no creen que sea tan solo la arqueología de contrato la que contribuya al despojo de los indígenas de su pasado y su patrimonio cultural: toda la empresa arqueológica en tanto que disciplina está basada en un estudio de la materialidad que excluye toda posibilidad de tener en consideración dos elementos sociales y humanos básicos para cualquier comunidad: la memoria y la descendencia, dos tipos de relaciones que también son fundamentales para la sociedad capitalista, pues hacen posible la transferencia de la propiedad de una generación a otra. La condición de posibilidad de la disciplina, entonces, es su exclusión del estudio de los restos inmateriales de la existencia humana (ibídem: 15). Esto no quiere decir que él no vea las transformaciones de la disciplina en los últimos años: el conocimiento ya no es un fin en sí mismo para la arqueología, sino que es claramente parte de desarrollos mercantiles orientados a la expansión capitalista, tanto en la arqueología de rescate o contrato, como en la arqueología relacionada al turismo patrimonial (ibídem: 16)[7]. Y la arqueología de contrato, en particular, reproduce la idea de tiempo lineal que, «mediante su inclusión en un procedimiento administrativo orientado a la implementación de un desarrollo capitalista, implícitamente supone la fatalidad del desarrollo capitalista, como si estuviera gobernado por la progresión temporal» (ibídem: 16). Esa metafísica arqueológica de

---

6 Esto es algo que también señalan Ribeiro (2015: 817) y Cristóbal Gnecco y Adriana Schmidt Dias (2015: 695) para el caso de Brasil.

7 También Haber (2013: 16) menciona a la arqueología indígena como nueva rama de la arqueología para lidiar con el contexto capitalista y mercantilizado del mundo global, de la cual sostiene que no desafía a la episteme arqueológica ni a su estatus de medio para conocer el pasado.

la linearidad del tiempo es, según este autor, «la condición de posibilidad de Occidente como lugar de enunciación de la expansión colonial bajo las retóricas del desarrollo» (ibídem: 17; 2015: 745).

La complicidad de la arqueología de contrato con el desarrollo y el capitalismo, en opinión de Cristóbal Gnecco y Adriana Schmidt Dias (2015: 689), hace que se vuelva desdeñosa de las luchas que de desafían su operativa. Esto se debe, en buena parte, a que según dichos autores, ese tipo de arqueología se ha convertido en un negocio, lo cual a su vez la ha llevado a una práctica acrítica donde la toma de responsabilidades políticas es infrecuente (ibídem: 690). Es por eso que en esa su práctica han terminado por perjudicar y dañar no solo a la arqueología como disciplina científica sino también a la naturaleza y a las vidas de mucha gente (ibídem). Los cambios en la disciplina provocados por la expansión capitalista hacen que haya pasado de poner énfasis en el valor del conocimiento y del patrimonio, a privilegiar el valor económico, de modo tal que ahora el compromiso de la arqueología es menos con la nación (lo cual ya era algo que perjudicaba a las poblaciones indígenas) que con el mercado (ibídem: 691)[8]. En esta misma dirección, Andrés Zarankin y José Roberto Pellini (2012: 46) piensan que la arqueología de contrato se ha convertido en un tipo de práctica disciplinaria que ya no está orientada por la academia (es decir, por el objetivo de producir conocimiento) sino más bien por la lógica del mercado[9]. A lo que se oponen es a que la práctica

---

8 Alexander Herrera (2013: 77-78) también señala, para el caso del Perú, que el valor testimonial que se le daba al patrimonio en nombre de la nación está siendo relegado a segundo plano por los promotores del desarrollo económico, quienes lo valoran desde el punto de vista económico. Según este mismo autor, la mercantilización de objetos y lugares tiene su antecedente en el periodo colonial, en el cual los conquistadores iniciaron la tradición de apropiarse de todo aquello que pudiera considerarse valioso (ibidem: 79). Yannis Hamilakis (2015: 723-724) sostiene que los restos arqueológicos venerados por la nación entran, a veces, en relaciones de propiedad y en transacciones, en intercambios financieros que son velados o enmascarados por las instituciones que los llevan adelante.

9 Patricia Ayala (2015: 775-777) es de la misma opinión, agregando que no se puede entender esa subordinación de la arqueología de contrato al mercado si no se la relaciona con el multiculturalismo neoliberal. Rich Hutchings y Marina La Salle (2015: 701, 711) sostienen que la arqueología (en general, pero la de contrato en particular) es una industria que sirve al Estado neoliberal. Nicolas Zorzin (2015: 797-798), por su parte, hace un estudio comparado del predominio del avance de la lógica de

de la disciplina sea guiada por una lógica que, como la del mercado, tiene como objetivo primario el lucro (ibídem: 46-48). Si esa lógica termina por imponerse, será el fin de una arqueología crítica (ibídem: 49). Una de las consecuencias de estos cambios es que, a diferencia de otras disciplinas (como la antropología o la ciencia política), que en situaciones generadas por proyectos de desarrollo toman partido por los habitantes locales, por sus vidas, y por nociones tales como la solidaridad, la arqueología no ha podido hacerlo debido, según Gnecco y Schmidt (2015: 694), a su relación instrumental con el desarrollo ([10].

Es este enfoque, que tiene en cuenta las consecuencias y los fundamentos económicos e ideológicos de la arqueología de contrato, el que me gustaría explorar un poco más en las páginas siguientes. Pero antes de hacerlo creo conveniente revisitar, aunque sea brevemente, las raíces coloniales de las situaciones de injusticia de nuestro presente, en las cuales los indígenas suelen ser los más damnificados. La llegada de los españoles al continente americano trajo aparejada, como es sabido, la apropiación, primero, y la explotación, después, de las tierras que les ofrecían a los indígenas los elementos básicos para su subsistencia. Este despojo tuvo como consecuencia el desplazamiento espacial y el empobrecimiento económico de los nativos de la tierra, produciendo lo que Karl Marx (1992: 873-875, 915) llamó acumulación primitiva u originaria (es decir, lo que precede al surgimiento del capitalismo, lo que lo hace posible): la separación del trabajador de los medios de producción que hacían posible su subsistencia. Y si bien Patrick Wolfe (2013: 268) ha argumentado que Marx prefirió poner el énfasis en uno solo de los dos elementos o componentes centrales (la formación del proletariado a expensas del despojo de la tierra) de la acumulación primitiva u originaria, lo cierto es

---

mercado en la práctica arqueológica que tiene lugar en tres países: Australia, Canadá y Japón, donde la búsqueda de ganancia a través de proyectos arqueológicos es cada vez mayor. Hamilakis (2015: 723), por su parte, sostiene que la lógica del capitalismo ha estado presente desde la misma constitución de la arqueología como disciplina.

10 También Londoño (2013: 151) señala la relación innegable entre arqueología de contrato, proyectos de desarrollo y expansión del capitalismo.

que se podría argumentar que hay otros textos suyos donde parece sugerir que ese despojo no debería caracterizarse como un evento (Marx, 1993: 233), como una acción única, sino más bien como una serie de acciones a lo largo del tiempo.

Es en esta idea en la que quisiera detenerme por un instante, a fin de discutir algunos conceptos manejados por Manu Vimalassery (2013: 296), quien sin hacer alusión al concepto de acumulación primitiva, en su análisis de algunos aspectos de la obra de Adam Smith, señala la necesidad de prestar atención a que la acumulación global de capital se mantiene ligada al despojo que sufrieron los indígenas en tiempos coloniales. En su opinión, la resolución de las crisis del capital toma la forma de una repetición, de una reconsolidación de dicho despojo: es la renovación del asalto sobre la tierra y la vida indígenas lo que garantiza la supervivencia del capital (ibidem: 296, 305). En otras palabras, y para decirlo desde una perspectiva marxista, la acumulación primitiva requiere, para existir y ser efectiva, una renovación, una repetición constante para que los poseedores legítimos de la tierra sigan sin recuperar aquel vínculo privilegiado que tenían antes de la llegada del invasor europeo[11]. Es por eso que los Estados americanos tienen tanta resistencia a atender reclamos de tierra por parte de los diferentes grupos indígenas que los habitan. Y es por eso, también, que, incluso en aquellos casos que existe una legislación indigenista que contemple el derecho de los pobladores originarios a la tierra, la propiedad de la misma sigue quedando en manos del Estado. Este es el caso, por ejemplo, de Brasil, donde laconstitución de 1988, que reconoce los derechos originales de los indígenas a las tierras que ocupan, pero esos derechos se limitan al usufructo (excepto en el caso de los recursos que se encuentran bajo tierra[12]): la propiedad sigue quedando en manos

---

11 Esto y no otra cosa parece ser el concepto de David Harvey discutido por Hutchings y La Salle (2015: 711), acumulación por despojo, que vendría a ser una continuación de la acumulación primitiva u originaria de Marx, en tiempos del neoliberalismo, a través de la apropiación de activos y recursos naturales. Sin embargo, si concebimos a esa acumulación descrita por Marx como proceso que necesita ser renovado todo el tiempo, parece innecesario darle otro nombre en el presente.

12 Esta es una consecuencia de los legados coloniales de los que proviene Brasil. Como nos recuerda

del Estado brasileño (Silva, 2015: 834). El despojo, entonces, debe ser asegurado a cada momento, a fin de que la acumulación primitiva como proceso se mantenga viva.

Las actividades de extracción de petróleo, gas natural, oro, plata, hierro u otros minerales, no solo son posibles gracias a la colonización de las Américas, sino que además constituyen acciones que son parte de ese largo proceso de acumulación primitiva que no cesa de reconsolidarse. Pero estas actividades se encuentran hoy con la necesidad de obtener legitimidad ante un público general cada vez más preocupado por cuestiones ecológicas. Esta es una de las causas detrás de la existencia de la arqueología de contrato, que en la mayoría de los casos es una arqueología de rescate generada por el emprendimiento de obras de infraestructura que son, por lo general, actos de consolidación del despojo originario sufrido por los indígenas. Con este tipo de medidas «simpáticas», tales como minimizar el daño patrimonial, aprovechar la oportunidad para educar a los locales sobre su propio pasado[13], etc., se busca reafirmar el derecho del capitalismo internacional y de la clase dominante a la legítima propiedad de la tierra de los indígenas, a fin de poder explotarla pacíficamente, es decir, sin perturbación alguna.

La arqueología de contrato es posible, por un lado, solo porque los indígenas han sido despojados de la tierra (es decir, han sido separados de los medios y las condiciones de producción), y por otro, opera como legitimación de la renovación interminable de ese proceso de acumulación primitiva que la hace posible. De modo que todo parece indicar que, como señalaba José Carlos Mariátegui (1928: 35, 40), el problema del

---

Patricia Seed (2001: 58) en su riguroso y fundamental estudio sobre las formas en que los colonizadores de diversas potencias europeas se apropiaron de las riquezas indígenas, los reinos ibéricos (España y Portugal) que colonizaron territorios americanos, a diferencia de los ingleses, distinguían entre el derecho sobre la superficie de la tierra y el derecho sobre las riquezas del subsuelo.

13 En un proceso en el que, según las narrativas imperantes producidas por la propia arqueología de contrato, el arqueólogo, según Lucio Menezes (2010: 99), aparece como el héroe que va a iluminar a una comunidad ignorante.

indio era y sigue siendo el problema de la tierra. La educación que los arqueólogos dispensan en los programas de educación patrimonial que acompañan a las acciones de rescate aparece así como un mero paliativo que se ofrece a cambio del proceso de paulatina destrucción del modo de producción y reproducción de la vida de los diferentes grupos indígenas[14]. Esa educación patrimonial, paternalista y desdeñosa de lo que puedan pensar los indígenas sobre su propio patrimonio cultural, se presenta a sí misma como proveedora de capital simbólico para esas comunidades, pero nada dice sobre las consecuencias económicas, sociales y culturales de las obras de infraestructura que, con su trabajo de rescate, están avalando. Un marxista tradicional diría que la educación patrimonial ofrecida en el marco de la arqueología de contrato es una intervención en el plano de la superestructura que deja intactas las bases económicas de la dominación que sufren los indígenas hoy. Como vimos, algunos autores señalan que la financiación que los proyectos de desarrollo les ofrecen a los arqueólogos, especialmente en el tercer mundo, puede ser tentadora. Sin embargo, sería conveniente que antes de rendirse a los encantos de las sirenas del capitalismo internacional (canalizados por los financiadores de proyectos para el desarrollo), reflexionaran y se preguntaran hasta qué punto están legitimando la situación de subalternidad de los indígenas con sus acciones.

Me gustaría terminar este trabajo con algunas reflexiones sobre Uruguay, país en el cual todavía no existe, a diferencia de Brasil, Colombia y otros países, tanta actividad arqueológica de contrato debido, en parte, a la inexistencia de proyectos de megaminería. Si bien el expresidente José Mujica (considerado como un anciano sabio y filosófico por buena parte de la opinión pública internacional), a pesar de hablar en foros internacionales contra los excesos de la sociedad moderna, desarrollista

---

14 Cristóbal Gnecco y Patricia Ayala Rocabado (2010: 40) sostienen que «muchos arqueólogos se contentan con ofrecer migajas culturales a las comunidades (un museo local, un video, una cartilla) mientras preservan su control sobre asuntos fundamentales (el diseño de las investigaciones, el destino de los hallazgos, la producción y diseminación de narrativas)»..

y capitalista, intentó instalar la megaminería a cielo abierto en Uruguay por medio de la entrada de la empresa Aratirí, sus intenciones no llegaron a buen puerto. La resistencia fue muy grande desde varios sectores de la población —sobre todo desde las filas de su propio partido político, el Frente Amplio— y todo parece indicar que el actual presidente, Tabaré Vázquez, no va a hacer nada por resucitar ese proyecto. Si esto no prospera, Uruguay va a continuar siendo un país libre de megaminería y de grandes proyectos de infraestructura —fuera de los del tipo mencionado por Beovide y Caporale (2009), financiados por agencias estatales— debido a que no hay explotación de pozos de petróleo ni de depósitos de gas natural propios. Esto significa que ese país va a estar, también, libre de arqueología de contrato. No me parece una exageración considerar a esta como una de las ventajas de ser un país relativamente pobre en recursos naturales.

Esto es particularmente relevante en este momento histórico, en el que se está produciendo una reemergencia étnica, llevada a cabo por grupos de activistas indígenas que reclaman una identidad charrúa, que está siendo recibida con gran hostilidad por parte de vastos sectores de la opinión pública (Verdesio, 2014). Si el Estado uruguayo ratificara el Convenio 169 de la OIT (es, junto a Surinam, uno de los dos países sudamericanos que no lo ha hecho), los reemergentes podrían hacer reclamos de tierras —como bien temía y probablemente teme el exministro de trabajo Dr. José Bayardi (Delgado, 2015)— lo cual podría llegar a aumentar la hostilidad hacia los activistas indígenas, dado que, como vimos más arriba, el problema del indio es el problema de la tierra.

Por ahora, entonces, en Uruguay no hay ni megaminería, ni indígenas (oficialmente reconocidos por el Estado), ni mucha arqueología de contrato en el ámbito privado, pero eso no debería obstar a que ya mismo se empiecen a elaborar estrategias para no caer en la trampa de trabajar para el capitalismo internacional reafirmando la acumulación primitiva. Digo esto porque el despojo, en Uruguay, lo están confirmando y legitimando no solo los arqueólogos sino la amplia mayoría de sus ciudadanos; y lo hacen de la peor manera: no ya negando el derecho de los indígenas a la tierra sino ignorando su mismísima existencia en tanto que indígenas. Esta negación es la marca indeleble de los procesos de colonización que caracterizaron al desarrollo del capitalismo y la sociedad occidentales en el territorio de lo que es hoy Uruguay: en ese tipo de países (como Estados Unidos, Canadá, o Australia) se dio (y se sigue dando) un tipo de colonialismo que se conoce como de colonos o de *settlers*, caracterizado por la asimilación forzada, el desplazamiento o el mero exterminio de los nativos por parte de los colonos europeos (Veracini, 2011: 2-3). Esta lógica tiene su razón de ser en que el principal objetivo de los colonos es el acceso al territorio; por eso puede entenderse como un proyecto centrado en la tierra que moviliza una serie de estrategias para eliminar al indígena de ese territorio (Wolfe, 2006: 388, 393).

Como bien han señalado algunos autores, estamos ante un tipo de colonización que, a diferencia del tipo de colonialismo más frecuente (el que se caracteriza por la explotación del trabajo de grandes números de nativos explotados por una minoría europea a fin de obtener una sustancial plusvalía), que intenta perpetuarse en el tiempo como sistema, el *settler colonialism* lo que intenta es desaparecer, superarse a sí mismo y ocultar las huellas de su trayectoria (Veracini, 2011: 3). Es decir, lo que el colonialismo de colonos busca es que la situación en el territorio no se vea como una en la que existe una situación colonial en la que un bando domina a otro. El exterminio de los indígenas, o en su defecto, la negación de su existencia en el territorio, son las formas más eficientes y extendidas de perpetuar la ficción del *settler colonialism*, que es (como el truco del diablo) decir que no existe: sin indígenas no hay situación colonial.

Uruguay es el caso paradigmático de esa negación: su sociedad se piensa a sí misma como «país sin indios» y, por lo tanto, también se piensa libre del «problema del indio» (Verdesio, 2014). A ello ayuda que los dispositivos coloniales del tipo *settler* hayan actuado tan efectivamente, a través de una estrategia que combinaba la lógica de exterminio con dispositivos de captura y asimilación al sistema capitalista. El colonialismo de colonos que se estableció en ese territorio fue paulatino y más bien tardío, consolidándose recién en la década de 1830, durante la cual se le asestaron duros golpes militares y demográficos a los indígenas que todavía se movían con cierta libertad por el territorio. El golpe más fuerte, pero no el único, que se ha convertido en emblemático de la política de exterminio y en prueba, para la mayoría de la población, de la extinción de los indígenas, fue una emboscada que tuvo lugar en Salsipuedes, en 1831. Luego de la campaña de exterminio, los restantes indígenas (de todas las etnias, no solo del grupo conocido como charrúa) se fueron incorporando (como fueron incorporadas las tierras que ocupaban y explotaban) al sistema económico predominante, la economía de mercado capitalista, en condición de trabajadores —rurales, en la mayoría de los casos—. De este modo, a los uruguayos de hoy les resulta relativamente fácil imaginar a su país como uno en el que «el problema del indio» ya no existe.

En el contexto uruguayo, entonces, la popularización de la arqueología de contrato podría llegar a aportar más herramientas al *statu quo* que se mantiene gracias a la continua renovación de la acumulación primitiva. Se produzca o no la irrupción de esas prácticas en el país, sería conveniente reflexionar sobre la posibilidad de una práctica arqueológica de signo contrario, que contribuya a desenmascarar los trucos del colonialismo de colonos y que, solidariamente, se ponga al servicio de los grupos reemergentes que (con su mera existencia) cuestionan las ficciones de ese tipo de colonialismo que legitiman el nacimiento del Estado uruguayo. De esta manera la disciplina podrá elaborar estrategias para evitar caer no solo en ese papel tan antipático de legitimador de las aventuras extractivas del presente, sino también en el no menos lamentable de promover las narrativas capitalistas y colonialistas que naturalizan y renuevan la acumulación primitiva que les dio origen.

## Referencias

AYALA, P. 2015. «Neoliberal Multiculturalism and Contract Archaeology in Northern Chile». *International Journal of Historical Archaeology,* 19 (4), 775-790.

BEOVIDE, L.; CAPORALE, M. 2009. «La arqueología de contrato en el marco de la gestión integral del patrimonio arqueológico de la región metropolitana de Montevideo». *Revista de Arqueología Americana,* 27, 7-35.

BEZERRA, M. 2015. «At that Edge: Archaeology, Heritage Education, and Human Rights in the Brazilian Amazon». *International Journal of Historical Archaeology,* 19(4), 822-831.

CÁCERES, R.; WESTFALL,C. 2004. «Trampas y amarras: ¿Es posible hacer arqueología en el Sistema de Evaluación de Impacto Ambiental?». *Chungará. Revista de Antropología Chilena. Volumen Especial. Edición dedicada a las Actas del XV Congreso Nacional de Arqueología Chilena, Arica, Octubre 2000. Tomo I. Simposios* (Septiembre 2004): 483-488.

DELGADO, E. 2015. «Lo indígena divide al gobierno». *El País,* 26 de enero. http://www.elpais.com.uy/informacion/indigena-divide-gobierno.html (última consulta: 11 de octubre, 2015).

DILLEHAY, T. D. 2004. «Reflexiones y sugerencias sobre la arqueología ambiental en Chile desde la perspectiva de un observador externo». *Chungará. Revista de Antropología Chilena. Volumen Especial. Edición dedicada a las Actas del XV Congreso Nacional de Arqueología Chilena, Arica, Octubre 2000. Tomo I. Simposios* (Septiembre 2004): 531-534.

ECHEVERRÍA-ALMEIDA, J. 2009. «La arqueología de contrato en Ecuador: Breves reflexiones». *Revista de Arqueología Americana,* 27, 37-48.

ESPAÇO ARQUEOLOGÍA. *Entendendo os passos da pesquisa arqueológica de contrato*. http://espacoarqueo.blogspot.com/2012/05/entendendo-os-passos-da-pesquisa.html (consultado 15/4/2015)

GNECCO, C.; SCHMIDT, A. D.2015. «On Contract Archaeology». *International Journal of Historical Archaeology* 19(4), 687-698.

GNECCO, C.; ROCABADO, P. 2010. «¿Qué hacer? Elementos para una discusión». *Pueblos indígenas y arqueología en América Latina*. Universidad de los Andes: Bogotá, Fundación de Investigaciones Arqueológicas Nacionales Banco de la República, 23-47.

HABER, A. 2013. «Arqueología y desarrollo. Anatomía de la complicidad». En *Arqueología y desarrollo en América del Sur*. Ed. Alexander Herrera Wassilowsky. Universidad de los Andes: Bogotá, 13-17.

HABER, A. 2015. «Contratiempo: Contract Archaeology or a Trench in the Battle for the Dead». *International Journal of Historical Archaeology* 19 (4), 736-747.

HAMILAKIS, Y. 2015. «Archaeology and the Logic of Capital: Pulling the Emergency Break». *International Journal of Historical Archaeology* 19 (4), 721-735.

HERRERA, A. 2013. «Arqueología y desarrollo en el Perú». En *Arqueología y desarrollo en América del Sur*. Ed. Alexander Herrera Wassilowsky. Universidad de los Andes: Bogotá, 75-96.

HUTCHINGS, R.; LA SALLE, M. 2015. «Archaeology as Disaster Capitalism». *International Journal of Historical Archaeology* 19(4), 699-720.

ITAU CULTURAL. *Arqueologia de contrato* www.itaucultural.org.br/pt/oq_arqueologia/contrato00.htm (consultado 15/4/2015).

JOFRÉ, I. 2015. «Mega-Mining, Contract Archaeology, and Local Responses to the Global Order in Argentina». *International Journal of Historical Archaeology* 19(4), 764-774.

JOFRÉ, I. 2013. «Disputas territoriales y el rol de la Arqueología de Contrato practicada en proyectos mega-mineros de la República Argentina». Ponencia en el *Simposio Internacional Desvelando a Arqueología de Contrato: O Passado como Mercadoría? Inter WAC (World Archaeological Congress)*. Universidade Federal de Rio Grande do Sul, Porto Alegre, Brasil, 3-4 de Junio, 1-17.

LONDOÑO, W. 2013. «Arqueología para el desarrollo y arqueología del desarrollo: una visión desde Colombia». En *Arqueología y desarrollo en América del Sur*. Ed. Alexander Herrera Wassilowsky. Universidad de los Andes: Bogotá, 147-165.

MARIÁTEGUI, J. 1928 [1978]. *Siete ensayos de interpretación de la realidad peruana*. Serie popular Era: México.

MARX, K. 1992. *Capital. Volume I*. Penguin: London.

MARX, K. 1993.*Capital. Volume III*. Penguin: London.

MENEZES, L. 2010. «Arqueología comunitaria, arqueología de contrato y educación patrimonial en Brasil». *Jangwa Pana* 9 (1), 95-102.

MINEIRO SCATAMACCHIA, M. 2009. «A educaçao patrimonial relacionada à arqueologia de contrato no Brasil». *Revista de Arquelogía Americana*, 27, 85-99.

PIAZZINI, C. 2001. «Arqueología, legislación y desarrollo: balance de los noventa y perspectivas desde la coyuntura actual». En *Arqueología, patrimonio y sociedad*. Diógenes Patiño, Ed., Univesidad del Cauca: Popayán, 23-40.

PIERRO, B. 2013. «Negócios do passado. Cresce a participaçao da arqueologia empresarial em canteiros de obras de infraestrutura». *Pesquisa. Fapesp*. 206 (12/4), 72-75. Disponible en http:// revistapesquisa.fapesp.br/wp-content/uploads/2013/04/072-075_ Pesquisa_206.pdf?13f3d9 (consultado 17/4/2015).

RATTO, N. 2009. «Aportes de la arqueología de contrato al campo de la investigación: Estudios de casos en Patagonia y Noroeste Argentino». *Revista de Arqueología Americana,* 27, 49-70.

RIBEIRO, L. 2015. «Development Projects, Violation of Human Rights, and the Silence of Archaeology in Brazil». *International Journal of Historical Archaeology* 19 (4), 810-821.

SEED, P. 2001. *American Pentimento. The Invention of Indians and the Pursuit of Riches.* University of Minnesota Press: Minneapolis & London.

SILVA, F. 2015. «Contract Archaeology and Indigenous Peoples: Reflections on the Brazilian Context». *International Journal of Historical Archaeology* 19 (4), 832-842.

SOLÓRZANO, M. 2007. «Arqueología de contrato. Una forma de minimizar el impacto durante el proceso de remoción del suelo. Estudio de caso en Orellana (Ecuador)». *Praxis Archaeologica,* 2, 107-128.

VERACINI, L. 2011. «Introducing Settler Colonial Studies». *Settler Colonial Studies,* 1, 1-12.

VERDESIO, G. 2014. «Un fantasma recorre el Uruguay: La reemergencia charrúa en un "país sin indios"». *Cuadernos de Literatura,* 36, 86-107.

VIMALASSERY, M. 2013. «The Wealth of the Natives: Toward a Critique of Settler Colonial Political Economy». *Settler Colonial Studies,* 3 (3-4), 295-310.

WOLFE, P. 2013. «Recuperating Binarism: A Heretical Introduction». *Settler Colonial Studies,* 3 (3-4), 257-279.

WOLFE, P. 2006. «Settler Colonialism and the Elimination of the Native». *Journal of Genocide Research,* 8(4), 387- 409.

ZARANKIN, A.; PELLINI, J. R. 2012. «Arqueologia e Companhia: Reflexoes sobre a introduçao de uma lógica de mercado na prática arqueológica brasileira». *Revista de Arqueologia* 25 (2), 44-60.

ZORZIN, N. 2015. «Dystopian Archaeologies: The Implementation of the Logic of Capital in Heritage Management». *International Journal of Historical Archaeology,* 19 (4), 791-809.

# CAPÍTULO 3

# ¿PATRIMONIO PARA QUIÉN? EL DISCURSO PATRIMONIALISTA Y EL NEOCOLONIALISMO EN LA ARQUEOLOGÍA BRASILERA

**Caroline Murta Lemos**

*Laboratorio de Arqueología Sensorial*
*Universidad Federal de Sergipe*

## Introducción

Brasil, así como también otros países del «sur geopolítico» (países de América Latina, Oceanía y África) (Salerno, 2012; Segobye, 2006; Shepherd, 2007; Zimmerman, 2007), fue marcado por el colonialismo, y por lo tanto, actualmente sufre también el neocolonialismo. Una de las principales consecuencias del neocolonialismo, según mi parecer, reside en el hecho de que la práctica arqueológica en el país implica una construcción de un patrimonio arqueológico[1] y una construcción de la historia e identidad nacional que no incluye a las minorías[2] sociales y

---

[1] En el texto, cuando utilizo el término patrimonio arqueológico me refiero a la cultura material (entendida por medio del concepto de materialidad que será discutido posteriormente) vinculada a las sociedades indígenas y a los diferentes segmentos de la sociedad nacional que puede ser incorporada a la memoria local, regional o nacional, formando parte de la herencia cultural que generaciones pasadas pasaron a las generaciones futuras (Morais y Morais, 2002 *apud* Bezerra, 2003).

[2] El concepto de minoría utilizado en el texto acompaña las ideas de Barth (2000). Según dicho autor, las minorías sociales o étnicas son parte de un sistema social total en el cual «(...) todos los sectores de

étnicas (Funari, 2007; Lima, 1988; Najjar y Najjar, 2006; Singleton y Souza, 2009), lo que a su vez justifica y refuerza la marginalización de las mismas en el presente. Considerando esto, invito al(a) lector(a) a mirar más de cerca esa práctica arqueológica en Brasil que se inclina mayoritariamente hacia el licenciamiento ambiental y que se guía por la premisa de que el patrimonio arqueológico es una entidad esencialmente física y finita, siendo de esta forma, uno de los principales agentes en la construcción de un patrimonio y de una historia nacional que perpetúa las estructuras coloniales y neocoloniales en el país.

Sin embargo, primero es necesario considerar cuáles son esas estructuras neocoloniales, cómo funcionan y cómo se relacionan con la práctica arqueológica en los países del «sur geopolítico». A partir de allí, discutiré de forma más detallada los impactos de esas estructuras neocoloniales en la construcción de historias, identidades y patrimonios en Brasil y los caminos que pueden ser recorridos para la desconstrucción de esas estructuras por medio de una arqueología descolonizante, siendo la arqueología pública (Bezerra, 2010a, 2011; McDavid & McGhee, 2010; Merriman, 2004), la idea de materialidad y una reforma legislativa, piezas esenciales en esa reformulación de la práctica arqueológica.

### Las diversas caras del neocolonialismo en el «sur geopolítico»

El fin de la Segunda Guerra Mundial representa un marco temporal con el comienzo del proceso de emancipación de los países colonizados por los imperios europeos (Ferreira, 2008a; Lydon y Rizvi, 2010; Funari y Pelegrini, 2006). Ese nuevo periodo que se inicia con el fin del conflictoes llamado por algunos investigadores como periodo «poscolonial», debido

---

actividades están organizados de acuerdo con el estatus abierto para los miembros del grupo mayoritario, en cuanto el sistema de estatus de la minoría es relevante solamente para las relaciones entre los miembros de la población minoritaria y apenas en algunos sectores de actividad (...)» (ibídem: 57-58). Barth, F. 2000. «Los grupos étnicos y sus fronteras». En Lask, T. (Org.). *O guru, o iniciador e outras variações antropológicas*. Contra Capa Livraria: Rio de Janeiro.

al «fin» del antiguo colonialismo[3]. Sin embargo, el «pos» presente en tal concepto no significa que el colonialismo fue superado (Ferreira, 2008a; Lydon y Rizvi, 2010); muy por el contrario, las desigualdades socioeconómicas involucrando clase, sexo, raza, etc. que surgieron con el colonialismo aún repercuten en nuestra sociedad (Lydon y Rizvi, 2010; Politis, 2006; Verdesio, 2006).

El neocolonialismo, presente en los países de América Latina, así como también en otros países del «sur geopolítico», puede ser caracterizado por tres «esferas». La primera consiste en una neocolonización económica, política y cultural y, consecuentemente, ideológica y epistemológica de los países desarrollados (centrales o del Primer Mundo) sobre los países subdesarrollados (periféricos o del Tercer Mundo). La segunda se basa en la colonización de las agendas arqueológicas, de gestión patrimonial y, por lo tanto, de la construcción del pasado por parte del Estado. Por último, la tercera reside en la colonización del conocimiento científico sobre otras formas de conocimiento consideradas inferiores (Politis, 2006; Verdesio, 2006).

Referente a la primera «esfera» del neocolonialismo mencionada anteriormente, Politis (2006: 168) afirma:

> La mayoría de los países latinoamericanos comparte una dependencia socioeconómica y una neocolonización, en comparación con las naciones desarrolladas. Esas condiciones sociopolíticas afectan las tendencias teóricas en estos países y la manera como los arqueólogos latinoamericanos desarrollan su investigación.

Esa colonización es visible, según dicho autor, en la «(...) falta de atención programática al desarrollo teórico y los modestos diseños conceptuales y

---

3 El término colonialismo es considerado en este trabajo como un «fenómeno que se define por la dominación cultural (pero también política y económica) de un pueblo sobre el otro(s)» (Gnecco y Haber, 2007).

metodológicos resultantes entre los arqueólogos latinoamericanos (...)» (ibídem: 174) que no tienen confianza en su potencial de investigación. Sin embargo, esa dependencia es apenas epistemológica. Según Verdesio (2006), la determinación de las líneas de investigación de los trabajos arqueológicos en concordancia con el interés y valor de los países económicamente poderosos ocurre porque de ellos sale parte del financiamiento de los trabajos de los arqueólogos «periféricos».

La colonización de la gestión del patrimonio y de la construcción del pasado por parte del Estado se da principalmente a través del control de las agendas de las investigaciones arqueológicas que, aunque no están financiadas por el propio Estado, deben ser cumplidas según su legislación y, consecuentemente, según sus intereses. Esa situación tiene como resultado la construcción de una historia nacional y de un patrimonio público hegemónico que reproduce y justifica el sistema colonialista en el cual las minorías sociales y étnicas no tienen voz (Ferreira, 2008a; Segobye, 2006; Verdesio, 2006; Zimmerman, 2007).

En cuanto a la colonización de la ciencia sobre otras formas de conocimiento, se entiende que el arqueólogo, autoridad científica, posee una posición de poder en relación a los grupos subalternos por ser él quien construye las narrativas sobre el pasado de esos grupos (Ferreira, 2008a, 2008b; Politis, 2006; Verdesio, 2006; Zimmerman, 2007). En este sentido, Politis (2006) afirma que al mismo tiempo en que la arqueología en América Latina es ejercida por arqueólogos colonizados, es también una práctica colonizadora que, según Verdesio (2006) y Ferreira (2008b), casi siempre está al servicio del Estado y de las elites. De acuerdo con Shepherd (2007: 17): «Las arqueologías colonialistas negaron "lo social" y "lo local" de muchas formas, tanto que pasaron por encima de las sociedades indígenas, se inclinaron ante la metrópoli y reprodujeron la división colonial del trabajo ampliamente». Esto nos remite a los orígenes de la disciplina y al legado nacionalista, imperialista y colonialista que la misma trae consigo y que, claramente, no puede ser desconsiderado u olvidado por los arqueólogos (Díaz-Andreu, 1999; Lydon y Rizvi, 2010; Salerno, 2012; Trigger, 1984, 1989). En este contexto se inserta también el discurso patrimonialista y la idea de patrimonio con la cual se vincula.

El concepto moderno de patrimonio surgió con los Estados nacionales de Europa en el siglo xviii, cumpliendo un papel central en la construcción del discurso nacionalista y de la idea de que el pueblo de cada Estado compartía una única lengua, origen y territorio (Funari y Pelegrini, 2006). Esta categoría inventada por el Estado, de acuerdo con Bezerra (2011: 68), «(...) es, por esencia, contraria a los procesos de autorreconocimiento y atribución de identidades. El discurso del "patrimonio" indica lo que es patrimonio y escoge a sus "herederos"», siendo que esos «herederos», según Ferreira (2008a), no incluyen a los grupos subalternos (las minorías étnicas y sociales). Esto significa que el patrimonio fue y aun es utilizado por el Estado en la formulación de las narrativas sobre el pasado que poseen un papel central en la construcción de las relaciones de poder. La arqueología —disciplina que desde hace tiempo sirvió y aún sirve en buena parte, como ya fue mencionado, a los herederos oficiales (elites)— , que posee una autoridad científica en la gestión y en la significación del patrimonio, es un importante agente en la construcción de esas relaciones de poder, incluyendo o no la participación de los grupos subalternos en el proceso de interpretación del pasado y en el manejo del patrimonio (ibídem). Considerando todo lo discutido, surgen algunos cuestionamientos que discuto en este artículo: ¿De qué forma el neocolonialismo y el discurso patrimonialista se presentan en la práctica arqueológica en Brasil? ¿Cómo el Estado brasilero concibe al patrimonio arqueológico? ¿La práctica arqueológica en el país asume el discurso patrimonialista del Estado? ¿Cómo afecta eso a la construcción del patrimonio arqueológico en Brasil? ¿Cuáles son las consecuencias de tales posicionamientos en la participación de los grupos subalternos en la construcción y gestión del patrimonio arqueológico en el país?

## El patrimonialismo y el necolonialismo en la práctica arqueológica brasilera

Para discutir cómo el patrimonio arqueológico es construido y gestionado en el país, primero es necesario prestar atención a la legislación patrimonial brasilera. Las normas de protección del patrimonio arqueológico brasilero implican una legislación centrada tanto en el patrimonio cultural en sí y una legislación enfocada en el medio ambiente: Decreto-Ley 25/37, Ley 3.294/61, Ley 7.542/86, Ordenanza SPHAN[4] n° 007/88, Ordenanza IPHAN[5] 28/03, Instrucción Normativa n° 001/15, Resolución CONAMA[6] 001/86, Ley 9.605/98, Decreto 3.179/99, entre otros. Como no es el objetivo de este artículo discutir de forma detallada todo esa gama de normas —otros trabajos lo hacen, entre ellos, Bastos *et al.* (2005), Soares (2007)— solo discutiré una parte de esas normas.

Para comenzar, en la Ley Federal 3924/61, Art 2°, el patrimonio arqueológico se resume a los sitios prehistóricos de los paleoamerindios de Brasil[7] y no incluye los sitios arqueológicos históricos. Ese contexto puede ser el resultado de la práctica arqueológica realizada en el país hasta ese entonces, que se enfocaba mayoritariamente en la prehistoria, pues la arqueología histórica en esa época aún estaba dando sus primeros pasos como campo de estudio (Lima, 1999; Reis, 2003; Singleton y Souza, 2009;

---

4 Serviço do Patrimônio Histórico e Artístico Nacional.

5 Instituto do Patrimônio Histórico e Artístico Nacional.

6 Conselho Nacional do Meio Ambiente.

7 Ley Federal 3924/61, Art. 2°:

a) Los depósitos de cualquier naturaleza, origen o finalidad, que representen testimonios de la cultura de los paleo amerindios del Brasil, tales como sambaquis, montes artificiales o *tesos*, pozos sepulcrales, depósitos aterrados, *estearias* y cualquier otro no especificado aquí, pero de significado idéntico, a juicio de la autoridad competente;

b) los sitios en los cuales se encontraron vestigios positivos de ocupación por los paleo amerindios, tales como grutas, *lapas* y abrigos sobre roca;

c) los sitios identificados como cementerios, sepulturas o locales de estadía prolongada o de pueblos «estacionales» y «cerámicos», en los cuales se encontraron vestigios humanos de interés arqueológico o paleoetnográfico;

d) las inscripciones o locales como surcos de pulimento de utensilios y otros vestigios de actividad paleo amerindia.

Symanski y Zarankin, 2014). Pero entonces, ¿de qué manera los sitios históricos y el patrimonio histórico son definidos por la legislación?

En el Decreto-Ley 25.37, Art 1º, el patrimonio histórico es abordado de forma conjunta con el patrimonio artístico, siendo compuesto por el «(...) conjunto de bienes muebles e inmuebles existentes en el país y cuya conservación es de interés público, que por su vinculación y hechos memorables de la historia del Brasil, que por su excepcional valor arqueológico o etnográfico, bibliográfico o artístico», siendo que esos bienes tendrían que estar registrados en el *Livro do Tombo* para ser considerados como patrimonio.

En relación a la definición del concepto de sitio histórico o sitio arqueológico histórico, el mismo no existe en la legislación brasilera (Lima y Silva, 2002; Soares *et al.*, 2010). De esta forma, los sitios históricos son protegidos principalmente en cuanto patrimonio cultural de acuerdo con el articulo 216 de la Constitución Federal de 1988 (Soares *et al.*, 2010). La ausencia del concepto de sitio histórico en la legislación brasileira, de acuerdo con Lima y Silva (2002) y Soares *et al.* (2010), es problemática. Al final de cuentas, como Lima y Silva (2002) argumentan, no se puede proteger algo que no se consigue definir. Sin embargo, el problema, según mi parecer, no está en la ausencia de la definición de sitio histórico en la legislación, sino en la utilización de criterios temporales para definir lo que es y lo que no es patrimonio arqueológico.

Si pensamos que el patrimonio arqueológico abarca tanto la cultura material vinculada a las sociedades indígenas como la cultura material vinculada a los diferentes segmentos de la sociedad nacional que pueden ser incorporados a la memoria local, regional o nacional (Morais y Morais, 2002 *apud* Bezerra, 2003), entonces la utilización de la clasificación de la cultura material en prehistórica o histórica para definirla en cuanto patrimonio arqueológico es innecesaria. Siguiendo esa línea de razonamiento, la cultura material de un pasado reciente, contemporáneo, también puede ser concebida como patrimonio arqueológico. Después de todo, esa cultura material también puede ser apropiada por la sociedad nacional en general o por pequeños grupos sociales y étnicos para la construcción de sus memorias. La construcción de memoria no implica apenas un pasado distante. Zarankin y Salerno (2007), por ejemplo, trabajan con los «lugares de memoria» de la dictadura en Buenos Aires. Lo interesante de ese enfoque es que el patrimonio arqueológico pasa a ser definido y valorado de acuerdo con la significación sociocultural que tiene actualmente para diferentes grupos y segmentos sociales en la construcción de memorias, historias e identidades; idea que será discutida de forma más detallada más adelante.

Otro problema de la Ley Federal 3924/61 es que, según Endere *et al.* (2009: 297):

> (...) utiliza muchos términos imprecisos o incorrectos, limitados en función de lo que se conocía sobre arqueología en Brasil en la década de 1960. En consecuencia, hace referencias a «monumentos arqueológicos o prehistóricos» y a «yacimientos arqueológicos o prehistóricos», incluyendo los objetos en ellos contenidos o bajo la guarda del poder público.

Coincido con la opinión de los autores y pienso que los problemas presentes en la Ley 3924/61 están relacionados exactamente con la práctica arqueológica en Brasil. En esa época, debido a la influencia de las escuelas americana y francesa, hubo un «perfeccionamiento» de los arqueólogos brasileros y una sistematización de las investigaciones arqueológicas que son esencialmente clasificatorias, descriptivas y sin una base teórica y conceptual sólidas (Funari, 2003; Lima, 2002; Reis, 2003). Para finalizar, las publicaciones de los resultados de esas investigaciones, además de ser escasas, no alcanzaron al público en general (Souza, 1988 *apud* Reis, 2003). Por eso, es posible entender por qué el patrimonio arqueológico en esa ley se refiere apenas a los sitios prehistóricos y por qué existe una utilización de términos tan imprecisos.

Por último, a pesar de constatar que en el país aún están en vigencia leyes tan obsoletas e imprecisas, el principal problema en la legislación patrimonial brasilera, según mi opinión, se encuentra en la diferenciación entre el llamado patrimonio cultural inmaterial y el patrimonio cultural material. Según el artículo 216 de la Constitución Federal de 1988:

> Constituyen patrimonio cultural brasileiro los bienes de naturaleza material e inmaterial, considerados individualmente o en conjunto, portadores de referencia a la identidad, la acción, la memoria de los diferentes grupos formadores de la sociedad brasilera, en los cuales se incluyen:
>
> I.   las formas de expresión;
>
> II.  los modos de crear, hacer y vivir;
>
> III. las creaciones científicas, artísticas y tecnológicas;
>
> IV.  las obras, objetos, documentos, edificaciones y demás espacios destinados a las manifestaciones artístico-culturales;
>
> V.   los conjuntos urbanos y sitios de valor histórico, paisajístico, artístico, arqueológico, paleontológico, ecológico y científico.

Esta división mantiene la idea de que el patrimonio cultural material es una manifestación cultural esencialmente física, concreta, que encuentra en la materia la condición primaria de su existencia (Funari y Pelegrini, 2006), siendo por eso, *finito* (Bastos *et al.*, 2005; Soares, 2007). El problema de ese enfoque es que esa «finitud» del patrimonio material acaba transformándose en la razón principal y fundamental para la preservación y protección del mismo (conf. Bastos *et al.*, 2005; Soares, 2007). Con esto, las políticas de preservación y protección del patrimonio material se enfocan principalmente en su integridad física, dejando de lado el contexto sociocultural actual en el cual está inserto.

Este tipo de perspectiva está claramente presente en la ordenanza SPHAN n° 007/88, por ejemplo, que regula los procedimientos de las investigaciones arqueológicas y protege el patrimonio arqueológico definido por la Ley 3.924/61. En dicha ordenanza la reglamentación de los permisos y autorizaciones para el desarrollo de las investigaciones arqueológicas se torna necesario considerando apenas la protección de los objetos de valor científico y cultural: «Considerando la necesidad de reglamentar los pedidos de permiso y autorización y la comunicación previa al desarrollo de investigaciones de campo (…) a fin de que se resguarde los objetos de valor científico y cultural localizados en esas investigaciones». En la ordenanza derogada IPHAN n° 230/02, las investigaciones arqueológicas eran consideradas fundamentalmente como una forma de compensación por la pérdida física de los sitios arqueológicos: Articulo 6°, párrafo 2° «(...) la pérdida física de los sitios arqueológicos podrá ser efectivamente compensada a través de la incorporación de los conocimientos producidos a la Memoria Nacional».

A su vez, la Instrucción Normativa n° 001/15, que derogó la ordenanza IPHAN n° 230/02, estableciendo los procedimientos administrativos a ser observados por el IPHAN en los procesos de licenciamiento ambiental cuyas Áreas de Influencia Directa (AID) poseen bienes culturales custodiados por la Unión, no relaciona de forma directa la necesidad de implementación de medidas de preservación y protección del patrimonio arqueológico con la integridad física del mismo. Sin embargo, como el patrimonio arqueológico es definido en esa Instrucción de acuerdo con la Ley 3.924/61, que diferencia el patrimonio cultural material del patrimonio cultural inmaterial, incluyendo el patrimonio arqueológico en la primera categoría, la raíz del problema permanece.

Esa presencia consistente de la visión del patrimonio material y, consecuentemente, de la cultura material como entidades esencialmente físicas y finitas en la legislación patrimonial se refleja en la calidad de la arqueología practicada en los últimos años en el país. Basta contemplar las investigaciones desarrolladas por la arqueología de contrato, que representa 90 % de las investigaciones arqueológicas realizadas en Brasil (Zanettini, 2009). Esas investigaciones, en su mayoría, se caracterizan por ser metodológicamente mecanizadas, jerarquizadas, no reflexivas y por preocuparse más por la cantidad de material arqueológico «recuperado» que con la calidad del conocimiento producido, además de resultar, salvo raras excepciones, en apenas informes técnicos, sin un intercambio del conocimiento producido, ni con la misma comunidad científica (Zarankin y Pellini, 2012).

Para Ferreira (2008b: 86), «en su deseo por "rescatar" y preservar artefactos a futuro, la arqueología de contrato, alentada por el espíritu salvacionista, se ha inclinado por la destrucción planeada de sitios».

Los mismos problemas forman parte de la arqueología de contrato desarrollada en Inglaterra y en los Estados Unidos (Berggren y Hodder, 2003; Lucas, 2001). Con la profesionalización de la arqueología y con la influencia del fordismo, según Chadwick (2010), la excavación se transforma en un loco proceso mecánico donde cada técnico apenas comprende su pequeña parte de la producción, formando parte de una alienada división de trabajo, donde los varios tipos de especialistas (resultado también de ese contexto profesional), también son marginalizados, participando raramente del planeamiento de un proyecto y analizando generalmente material con poca información contextual. De esta forma, la arqueología se transforma en una línea de producción, con poco tiempo para el trabajo, para la reflexión y con una práctica extremamente jerarquizada, «industrial» y padronizada, lo que acarrea también una padronización del conocimiento producido (Bradley, 2006).

Para Zarankin y Pellini (2012), todos los problemas de esta práctica derivan exactamente de la idea de patrimonio cultural como una entidad física y finita, lo que ellos consideran como una visión «patrimonialista». En ese contexto, el registro arqueológico se torna la única forma de preservación como medida mitigante por la destrucción de los sitios arqueológicos (Chadwick, 2010). El registro arqueológico pasa a ser entendido como algo conformado por varios hechos que registran los eventos del pasado dentro de una relación causa/efecto (Lemos y Pellini, 2011). En resumen, el mismo sería un reflejo directo e incuestionable de acciones sociales específicas del pasado. Siendo así, es visto como abarcando en sí toda la verdad, todo el conocimiento. Esa preservación por registro, según Andrews *et al.* (2000), resulta en un registro descriptivo, objetivo, empírico, haciendo que la excavación sea una práctica patrimonialista y haciendo que no sea un proceso de interpretación y de construcción calificada de conocimiento.

Se puede afirmar entonces que la arqueología brasilera, como Zarankin y Pellini (2012) defienden, privilegia el vestigio sobre el conocimiento, lo que sería un error, ya que la responsabilidad de los arqueólogos no se reduce a la protección física del patrimonio:

> Si pensamos que el registro en sí no existe, lo que existe son los trazos fragmentados de la práctica social del pasado que son re-apropiados y re-significados, veremos que los vestigios del pasado no poseen valor intrínseco y sí un valor que es construido a través de la práctica de la ciencia arqueológica, de las prácticas sociales, políticas y culturales del presente (...). Considerar más importante la preservación física de los vestigios que la responsabilidad con el presente y con las comunidades en el presente es bastante problemático. No debemos olvidarnos que nosotros, arqueólogos, como productores de cultura contribuimos directamente al establecimiento de «regímenes de verdades absolutas». Verdades son construcciones que atienden a un fin o interés específico (*ibídem*: 54).

Como los autores apuntan, esa visión patrimonialista trae consigo otro problema aún más grave: que la arqueología es hecha para el futuro, es hecha para proteger el patrimonio arqueológico para las generaciones futuras, ignorando el papel de ese patrimonio en las relaciones sociales del presente. Para Godoy (2004), por ejemplo, la principal preocupación del gestor del patrimonio es preservar los datos, las cargas informativas del patrimonio material para generaciones futuras. Ferreira (2008b) llama la atención sobre ese posicionamiento:

> Las relaciones sociales no se dan simplemente entre personas y grupos; ellas siempre involucran artefactos. Así, las relaciones sociales se entrañan en esa materialidad (...) la preservación del patrimonio cultural, al contrario de lo que comúnmente se piensa, no es apenas para el futuro, y sí, sobretodo, para el presente, para el aquí y el ahora, pues este ocupa un lugar central en los procesos de socialización y conflictos sociales (...) los arqueólogos del futuro no orientarán necesariamente sus investigaciones según los mismos problemas y objetos de los arqueólogos del presente. Y, como no existe arqueología apolítica, montar archivos para el futuro no eludirá las diversas percepciones que comunidades locales y pueblos indígenas poseen sobre los sitios que están siendo destruidos y sobre los artefactos que están siendo depositados en reservas técnicas (ibídem: 86-87).

Hamilakis (1999) afirma que esa concepción de la cultura material, del patrimonio y del registro arqueológico como entidades que encierran en sí la verdad sobre el pasado, a la cual solo el arqueólogo puede acceder, torna al arqueólogo el «guardián del registro»[8], el guardián del patrimonio, no dejando espacio para la multivocalidad y para la reflexión. En este sentido, las minorías étnicas y comunidades locales resultan perjudicadas, ya que no tienen derecho a participar de la gestión de su propio patrimonio, de su

---

8 Esta visión del arqueólogo como «guardián» primero del patrimonio se encuentra presente en una de las cartas patrimoniales, según Soares (2007), más influyentes de Brasil. La Carta de Lausanne, redactada en 1990 por el ICAHM (Comité Internacional para Gestión del Patrimonio Arqueológico) del ICOMOS (Consejo Internacional de Museos), afirma que el patrimonio arqueológico comprende el patrimonio material para el cual los métodos arqueológicos proporcionan el conocimiento primario.

propia historia (Ferreira, 2008b). En Brasil, aun con la obligatoriedad de la Educación Patrimonial en las investigaciones arqueológicas de Contrato —establecida primeramente por la ordenanza IPHAN nº 230/02 y, actualmente, por la Instrucción Normativa nº 001/2015—, la participación del público en esas investigaciones continúa siendo insuficiente.

La legislación actual no aclara de forma específica el carácter de las actividades que deberían ser desarrolladas en proyectos de Educación Patrimonial[9], o mejor dicho, de Educación[10].

Sin embargo, puede considerarse que esos proyectos tratan básicamente de «(...) experiencias de enseñanza-aprendizaje que buscan la valorización de los bienes patrimonizables por las comunidades en las cuales los mismos desempeñan un papel en su dinámica cultural (...)» (Silveira y Bezerra, 2007: 86). Es importante resaltar que, según Bezerra (2010b), en Brasil la Educación Patrimonial es considerada como una

---

9 Instrucción Normativa 001/2015, Art. 45:
El proyecto Integrado de Educación Patrimonial será desarrollado en la AID y deberá tener:
I- definición del público de interés;
II- objetivos;
III- justificativa;
IV- metodología;
V- descripción del equipo multidisciplinario responsable;
VI- cronograma de ejecución, y
VII- mecanismos de evaluación.
§ 1º El publico de interés al cual se refiere el inciso I estará compuesto por la comunidad impactada por los emprendimientos, empleados involucrados en el emprendimiento, comunidad escolar, inclusive profesores de las unidades seleccionadas y gestores de órganos públicos localizados en la AID del emprendimiento.
§ 2º El equipo multidisciplinario responsable por le ejecución del Proyecto, deberá necesariamente, contar con profesionales del área de Educación.
§ 3º El cronograma podrá prever acciones a ser desarrolladas después del inicio de la operación del emprendimiento.
§ 4º Actividades puntuales tales como: conferencias y acciones de carácter exclusivamente promocional, así como actividades de información y divulgación, no son suficientes para caracterizar Proyectos Integrados de Educación Patrimonial.

10 De acuerdo con Silveira y Bezerra (2007), no existe una definición para el término Educación Patrimonial. Para los autores, no se puede disociar la práctica educativa de la idea de patrimonio y cultura, lo que hace de ese término un pleonasmo. Es decir, puede afirmarse que la Educación Patrimonial es nada más que Educación (Bezerra, 2010b).

carga, como un accesorio de la investigación y no como parte de esa nueva agenda de la arqueología, la arqueología pública. Esa situación se refleja en la calidad de los proyectos de Educación Patrimonial, que dejan mucho que desear. Hilbert (2006: 100) consigue ilustrar muy bien ese contexto:

> Primero, los arqueólogos buscan convencer a las personas de la importancia y de los valores inestimables de la cultura material arqueológica que está en su propiedad. Después, distribuyen folletos en lenguajes infantiles, elaboran programas de educación patrimonial sin sentido para la comunidad local, hasta amenazan con multas y prisión en caso de desobediencia a las leyes, y después, cuando los habitantes del sitio arqueológico finalmente dan señales de haber incorporado el discurso de los educadores patrimoniales, esos objetos tan valiosos e importantes son llevados por los arqueólogos.

La exclusión de las comunidades locales y de las minorías étnicas como agentes en la administración del patrimonio, fundamentada en la legislación y en la práctica arqueológica, se torna una cuestión más complicada si consideramos que el patrimonio público reconocido y gestionado por las instituciones oficiales del Brasil se constituye, en su mayoría, por la cultura material de la elite (Funari, 2007; Lima, 1988; Najjar y Najjar, 2006; Singleton y Souza, 2009). De esta forma, según Lima (1988), la historia y la identidad nacional son formadas por los vencedores, restando a las minorías étnicas, el prejuicio, el paternalismo o el olvido.

En este sentido, según Najjar y Najjar (2006: 180):

> La arqueología puede constituirse como un elemento cuestionador de la idea de patrimonio cultural de la nación, llevándola a tener una tendencia más democrática. Puede, sin embargo, reforzar una idea de patrimonio nacional marcada por el etnocentrismo y, por lo tanto, por la exclusión

de la cultura de los grupos considerados como socialmente inferiores o indeseables. La arqueología está en disputa, la memoria está en disputa, la idea de patrimonio cultural está en disputa, la propia idea de nación está en disputa.

Esta relación crítica entre el Estado, la práctica arqueológica y las minorías sociales y étnicas en la gestión del patrimonio y en la construcción de las narrativas sobre el pasado es una de las consecuencias del neocolonialismo en Brasil. ¡Por eso una reforma en la legislación y un cambio de la propia práctica arqueológica en el país son urgentes! Pero ¿de qué forma la arqueología puede transformar la propia práctica con el objetivo de ayudar al cambio de ese escenario neocolonialista donde el Estado y la ciencia controlan la gestión del patrimonio y la construcción de la memoria y de la historia nacional? ¿Y de qué forma se puede modificar el carácter patrimonialista de la legislación brasilera?

## Decolonizando el patrimonio y la arqueología brasilera: pensando en arqueología pública y materialidad

En la arqueología, la preocupación con la decolonización del escenario neocolonialista y poscolonial presentado en la introducción y la deconolización de la propia disciplina tuvo como resultado la realización de trabajos arqueológicos poscoloniales (conf. Fereira, 2008a; Gnecco y Haber, 2007; Liebmann, 2008; Lydon y Rizvi, 2010; Politis, 2006; Shepherd, 2007; Watkins, 2007). El *World Archaeological Congress* (WAC), fundado en 1986 en Inglaterra en apoyo al Movimiento AntiApartheid, también es fruto de esas preocupaciones y tiene como principal objetivo discutir y disminuir las desigualdades sociales actuales producto del colonialismo por medio de la construcción crítica, comprometida y decolonizada del pasado, con la participación de las minorías, indígenas, etc. (Lydon y Rivzi, 2010). De esta forma, según Lydon y Rivzi (2010), el WAC comparte algunos de los propósitos del poscolonialismo. Pero ¿qué es el poscolonialismo?

De acuerdo con Lydon y Rivzi (2010) y Liebmann (2008), el poscolonialismo es una línea de investigación que estudia de forma crítica el sistema colonial del pasado (tanto en una escala global como en una local) y el papel que la ciencia tuvo en la reproducción de ese sistema. Asímismo, también discute las influencias de ese legado colonialista y del neocolonialismo en la construcción del escenario social, político y económico actual y, en el caso de la arqueología, estudia también el legado colonialista de la práctica arqueológica. Para Lydon y Rizvi (2010), la preocupación de los estudios poscoloniales por el pasado es guiada por el presente y por sus desigualdades sociales, económicas y étnicas que surgen del sistema colonialista. Esto implica que el poscolonialismo, a diferencia del posestructuralismo y el posmodernismo, posee una base ética fundamental que lleva a los investigadores a comprometerse con las políticas descolonizantes (ibídem). Siendo así, según las autoras, los estudios poscoloniales se comprometen a contribuir «(…) a las transformaciones políticas y sociales, con el objetivo de confrontar al neocolonialismo y facilitar la proclamación de formas diversas de identidad» (ibídem: 19). En ese sentido, aun según dichas autoras, abordar la problemática del papel que la cultura material y que el conocimiento arqueológico desempeñan en la construcción de identidades sociales y étnicas actuales se torna esencial en los estudios arqueológicos poscoloniales, así como también promover la participación de diferentes públicos en la construcción del conocimiento.

Pensando entonces en la decolonización de la práctica arqueológica, Segobye (2006: 110) afirma que: «(…) la aplicación activa de las estrategias de la arqueología pública para involucrar comunidades, sobre todo aquellas marginadas en los actuales contextos de desarrollo, contribuiría a las agendas necesarias para la decolonización de la disciplina».

Pero ¿exactamente de qué forma la arqueología pública puede ayudar en la decolonización de la disciplina? Pienso que la arqueología pública, además de promover la decolonización del conocimiento científico sobre otras formas de conocimiento con la inclusión de diferentes voces en las investigaciones arqueológicas y, consecuentemente, con la inclusión de diferentes perspectivas, acaba ayudando también al arqueólogo a desafiar los discursos hegemónicos creados y reforzados por el Estado y por los países desarrollados, lo que, según Shepherd (2007), englobaría todos los «pasos» necesarios para la decolonización de la disciplina:

> (...) hay una serie de principios generales para descolonizar la disciplina que incluiría lo siguiente: (a) una apertura epistemológica para considerar distintas concepciones locales e indígenas del tiempo profundo como sistemas de pensamiento legítimos; (b) la reflexividad para reconocer y trabajar a través de los contextos formativos de las prácticas disciplinarias de cada uno en el colonialismo (...) (c) creatividad para desafiar las geometrías de poder y las economías políticas en la disciplina que favorecen el Occidente o el Norte; y (d) una política que enfrente los discursos políticos dominantes y las construcciones normativas sobre la historia, el desarrollo, la democracia y otros temas como soberanos (ibídem: 17).

Haber (2013), al proponer una arqueología indisciplinada, afirma que el camino para la decolonización de la disciplina comienza cuando el arqueólogo establece un diálogo con discursos y teorías que son locales, no hegemónicos, es decir, ocurre cuando el arqueólogo dialoga con otras voces. Gnecco (2009: 20-21) coincide con esa idea al afirmar que una arqueología decolonizante, que él llama de arqueología relacional:

> (...) promueve estrategias de investigación participativas y pertinentes a contextos locales y fomenta la generación de conocimientos alternativos desde el reconocimiento

de saberes tradicionales y sus correspondientes visiones del mundo. Esas estrategias no solo se ven reflejadas en la concepción curricular de los programas académicos sino en prácticas formativas y en perspectivas investigativas construidas a partir de reflexiones críticas colectivas. El conocimiento no solo se valida en la producción académica convencional (conferencias, artículos, libros) sino en su funcionalidad como acción social creativa, crítica y transformadora de problemáticas locales que constituyen los núcleos de investigación. (...) se trata de fomentar y generar relaciones horizontales que rompan (si se requiere) las disyuntivas entre el saber académico y el saber local, que promuevan (acaso) la complementariedad de saberes, que vayan más allá del monolingüismo (no solo académico, por cierto).

Siguiendo la línea de razonamiento de todos esos autores, se percibe que la arqueología pública se vuelve esencial para la decolonización de la práctica arqueológica. Pero ¿a qué me estoy refiriendo cuando utilizo el término arqueología pública?

Según Merriman (2004), el término arqueología pública comenzó a ser bastante utilizado después del lanzamiento de la obra *Public Archaeology* de 1972 de McGimsey, quien la asoció al Manejo de Recursos Culturales (Cultural Resource Management-CRM)[11] en los Estados Unidos:

CRM era, por lo tanto, «público» porque descansaba en el apoyo público para poder convencer a los legisladores y emprendedores que los sitios arqueológicos necesitaban protección o mitigación, y, muchas veces, dependía de no-

---

11 De acuerdo con McDavid y McGhee (2010), en los Estados Unidos, las investigaciones arqueológicas de CRM, o de contrato, constituyen estudios realizados en el ámbito comercial, respaldados por la legislación y/o por el financiamiento público, que buscan la preservación y la gestión del patrimonio arqueológico.

profesionales para realizar el trabajo. A través del tiempo, sin embargo, a medida que la arqueología se volvía más profesionalizada, el elemento «público» de esta arqueología pasó a consistir en arqueólogos gestionando los recursos culturales en nombre del público, en vez de generar un involucramiento de gran parte del público directo en el trabajo mismo. La situación ha sido parecida en el Reino Unido (ibídem: 3).

El problema de ese enfoque se encuentra en el hecho de que lo «público» se refiere al Estado y/o sus instituciones. En ese sentido, el Estado y sus agentes hablan en nombre del pueblo y por el bien del pueblo y, supuestamente, actúan de acuerdo a los intereses del mismo que, en ese caso, resultaría en la implementación de estrategias de CRM. Esas estrategias tienen como objetivo garantizar la preservación del patrimonio arqueológico y realizar el registro detallado del mismo antes de ser «destruido». De esa forma, los registros y el patrimonio son preservados para el futuro, no para el presente y las personas en el presente (ibídem). Esa utilización del término «público» relacionado directamente al Estado también se torna recurrente en la arqueología de contrato en Brasil, lo que implica la utilización del mismo tipo de estrategia de preservación del patrimonio, que se centra en el futuro y que se da por medio del registro detallado del mismo, situación ya discutida:

En Brasil, la expresión arqueología pública, surgida en el ámbito anglosajón, aún es nueva y puede llevar a la confusión. De hecho, público, en su origen ingles, significa «volcada para el público, para el pueblo» y no guarda relación, *stricto sensu*, con el sentido vernáculo de público como sinónimo de «estatal». (...) La acción del Estado se da, de manera necesaria, por medio de la legislación de protección ambiental y cultural que lleva a los emprendedores —empresas privadas o públicas— a costear los estudios de impacto ambiental y cultural. No siempre tales estudios se centran en la acción pública, en el sentido mencionado anteriormente, de interacción con las personas (Funari y Robrahn-González, 2006: 3).

Otra forma de abordar la arqueología pública ganó fuerza en Inglaterra con la obra *The Public Understanding* de la Royal Society en 1985. Esa perspectiva del *defict model* consideraba a la arqueología pública como medio por el cual el arqueólogo educaba al público lego, corrigiendo todas sus interpretaciones equivocadas (no científicas) al respecto de la arqueología y sus prácticas y, al mismo tiempo, enseñando la importancia de esa disciplina y haciendo que el público estuviese apto para apreciarla y apoyarla como una importante gestora de los recursos arqueológicos. Además, ese modelo defendía que la educación científica transformaba ese público en mejores ciudadanos y que la nación tendría retornos económicos positivos con una mano de obra con mayor conocimiento tecnológico y científico. (Merriman, 2004). Desde este enfoque:

La participación pública es alentada, por supuesto, pero solamente según líneas de práctica profesional aprobadas. (…) Esto podría llamarse de enfoque de «interés público», que surge de la necesidad de una arqueología profesional para separarse de los no-profesionales y está asociada con el conocimiento autorizado, tomando este modelo de aquel de la ciencia (ibídem: 6).

Con el desarrollo de las críticas posprocesuales en relación a la práctica arqueológica y con la creación del WAC, a finales de los años noventa comenzó a desenvolverse un creciente dinamismo de la arqueología pública (McDavid y McGhee, 2010; Merriman, 2004; Pykles, 2006). El reconocimiento de la importancia y de la necesidad de la participación del público (representado no solo por el Estado y sus agentes) en la construcción del conocimiento científico (multivocalidad) y el reconocimiento del papel social y político que el arqueólogo y las narrativas del pasado pueden desempeñar en la vida de las personas crecieron dentro de la arqueología a partir del posprocesualismo (Hodder, 2000).

Como Hodder (2000: 10) afirma, «(…) es imposible tratar de mantenerse neutro, objetivo, distante (…) es imposible continuar como un simple proveedor de un servicio o un mediador (…) Como arqueólogo profesional y como miembro de la sociedad, uno tiene que ser responsable del impacto de su propio trabajo». En este sentido, en cuanto a la producción del conocimiento, el enfoque posprocesual pasa inevitablemente por la cuestión de la decolonización de la autoridad científica sobre otras formas de conocimiento y por la arqueología pública:

> El ímpetu proviene del reconocimiento de que la arqueología procesual, con todo su poder teórico, puede ser alienante, incluso cruel, cuando anuncia que puede producir historias sobre el pasado que son más probables o verdaderas que aquellas de las comunidades descendientes. El reconocimiento básico de que los pasados son construidos, no reconstruidos, trajo consigo la voluntad de mirarlos en un contexto económico y político más amplio que el que jamás pudo considerar la arqueología procesual. (...) Por eso reconocemos que es tan importante conocer las formas en que la gente «procesa» sus pasados como las historias que cuentan al respecto. Esas nuevas formas de arqueología enfatizan la creación y los usos de los pasados más que ver el pasado como algo que sucedió y que ha terminado (...) (Zimmerman, 2007: 18-19).

Siendo así, el término arqueología pública ha sido utilizado para referirse a cualquier actividad en la cual arqueólogos interactúan con el público y a cualquier investigación que analiza las dimensiones públicas de hacer arqueología (McDavid y McGhee, 2010). Dentro de esa perspectiva, lo más importante es que la arqueología pública aborda también la negociación de atribución de significados al patrimonio que ocurre entre el arqueólogo y diferentes públicos, así como la asociación del patrimonio con la construcción de identidades culturales, con turismo, educación, museos, economía, medios de comunicación, etc. y, consecuentemente, con conflictos políticos y sociales (ibídem; Merriman, 2004).

Vale la pena resaltar que los trabajos de arqueología que involucran educación no se reducen apenas al *defict model*. Muchos trabajos consideran que la educación no es una forma de transmitir hechos «verdaderos» o «falsos» al público, sino que es una forma de equipar a las personas con herramientas con las cuales ellas puedan evaluar diferentes formas de evidencia y diferentes interpretaciones, generando sus propias conclusiones que pueden o no estar de acuerdo con el discurso científico. En ese contexto, la utilización del concepto «público» también fue dinamizada, actualmente el término no es utilizado apenas como referencia al Estado y sus agentes o a una masa de personas no arqueólogas que es homogénea y acrítica, como en el *defict model*. Actualmente el concepto también puede ser usado, como en este trabajo, refiriéndose a diversos grupos de personas no arqueólogas que pueden tener mucho o poco en común (Merriman, 2004).

En Brasil, la arqueología pública está relacionada principalmente con el desarrollo de investigaciones de contrato (Funari y Robrahn-González, 2008), en las cuales la Educación Patrimonial es obligatoria desde 2002. Sin embargo, es importante aclarar que la arqueología pública «no es sinónimo de Educación Patrimonial y sí una forma de arqueología que (…) apunta a la comprensión de las relaciones entre las personas y las cosas del pasado, a la construcción de un pasado multivocal y a la gestión compartida del patrimonio» (Bezerra, 2010a: 1), siendo «(…) al mismo tiempo, producto y vector de reflexiones académicas, de acciones políticas y de estrategias de gestión» (Bezerra, 2011: 62).

En otras palabras:

> Los arqueólogos públicos están preocupados con las percepciones públicas de arqueología, cómo los pasados

son creados y usados, el involucramiento de la comunidad en la arqueología y el conflicto entre las visiones populares y académicas del pasado. La investigación de la arqueología pública (tanto cualitativa como cuantitativa) lidia con contextos políticos, sociales y económicos en los cuales la arqueología es llevada a cabo, las actitudes de los grupos sin poder e indígenas hacia la arqueología y el rol educacional y público de la disciplina. En resumen, la arqueología pública es la arena donde el pasado y el presente se juntan, cómo información acerca pasado es usada por personas contemporáneas para agendas y necesidades contemporáneas (McDavid y McGhee, 2010: 482).

Es decir, la Educación Patrimonial es apenas una parte de la arqueología pública, que aún es incipiente en Brasil. De acuerdo con Funari y Robrahn-González (2008: 18), la «(...) inclusión del público en la práctica arqueológica y en su discurso (...) aún se inicia en Brasil, una vez que la mayor parte de los instrumentos jurídicos existentes se refieren a procedimientos burocráticos, en vez de la divulgación del conocimiento y la interacción entre los arqueólogos y la comunidad». Esa situación es extremamente crítica si consideramos todo lo que fue discutido hasta el momento al respecto del legado colonialista y del neocolonialismo en Brasil. Por eso, a pesar de considerar que la modificación de ese escenario neocolonialista solo es posible por medio de una práctica arqueológica donde la arqueología pública tenga un papel central, abriendo espacio para el público en la construcción de las interpretaciones arqueológicas, ese cambio debe ser acompañado por una reforma en la legislación brasilera, que debe ir más allá de aspectos burocráticos y del patrimonialismo.

Esa visión patrimonialista, en la cual el patrimonio arqueológico es considerado como una entidad física, no debe estar más presente en la legislación brasilera y, consecuentemente, en las investigaciones arqueológicas de contrato. Para eso, es necesario modificar la forma de pensar la cultura material. La cultura material, el patrimonio arqueológico, no debe ser desconsiderado de las relaciones sociales en las cuales participan, ellos no deben ser separados de las personas que se apropian de ellos, ya que la cultura material y las personas se construyen mutuamente. Cuando hablamos de cultura material, para Meskell (2005) y Tilley (2007), es necesario considerar todas las relaciones entre el sujeto y el objeto (materialidad), abordando, además de las propiedades físicas de los objetos, los significados que son construidos dentro de un contexto social específico y que, al mismo tiempo, también construyen ese medio social. Como Thomas (1999) afirma, la cultura material no debe ser entendida como un producto de la sociedad, debe ser entendida como parte integrante de la sociedad.

De esta forma, para estos autores, se debe ir más allá de la consideración empírica de la cultura material, abordando su materialidad y, luego, considerando su significado social, su papel en los actos sociales, en la vida de las personas en el pasado y en el presente. Con esto, se trasciende la materia del objeto, se trasciende el propio objeto, considerándolo no apenas como un producto pasivo de la sociedad, como un hecho físico, sino también como un vector dentro de la sociedad y, por eso, inseparable de las personas que lo (re)significan, constituyendo sus experiencias, sus memorias, historias e identidad. Pero ¿de qué forma exactamente las memorias y las identidades son construidas por medio de la materialidad? Zarankin y Salerno (2010: 2-3), por ejemplo, defienden que:

> Todas las memorias (...) precisan de la ayuda de vestigios para mantenerse activas (...) Por un lado, los recuerdos se construyen a partir de vivencias propias o ajenas en las que las personas interactúan de formas específicas con la materialidad del mundo. Por otra parte, la materialidad de las cosas puede despertar, reforzar y/o construir recuerdos en distintas circunstancias (...) Sin embargo, desde el momento

que nuestra existencia es indisociable de la materialidad del mundo, la memoria es inseparable de las cosas que nos rodean.

Es decir, la materialidad es imprescindible para la construcción de memorias, que son el soporte de la identidad tanto individual como colectiva. La identidad es aquí entendida como una representación, un reconocimiento de sí en cuanto grupo o individuo, producto de las relaciones entre individuos y sociedades (Oliveira, 1976; Meneses, 1984). Según Meneses (1984: 33): «El soporte fundamental de la identidad es la memoria, mecanismo de retención de información, conocimiento, experiencia, ya sea a nivel individual o social y, por eso mismo, es el eje de atribuciones, que articula, categoriza los aspectos multiformes de la realidad, dándole lógica e inteligibilidad».

Partiendo de esta premisa, se puede decir que toda sociedad humana construye su identidad a través de sus memorias que, a su vez, están vinculadas a la construcción de un pasado en el cual la materialidad tiene un papel fundamental. Sin embargo, tanto las memorias como el pasado son construidos en el presente de acuerdo con circunstancias sociales e ideológicas, de acuerdo con intereses, en la medida en que la memoria, según Meneses (1984), es selectiva (no registra todo y no todo lo que registra afecta la conciencia) e inductiva. Lo más importante, sin embargo, es que la construcción de memorias y de identidades es solo posible a través de la materialidad.

Se percibe entonces que es por medio de esa visión de la cultura material como una realidad no solamente física mas también inmaterial, que se puede asumir que la naturaleza del patrimonio arqueológico es subjetiva, así como la naturaleza de las identidades, memorias y, consecuentemente, de las relaciones de poder construidas por él. De esta forma, se asume también que la participación de comunidades locales, de diferentes públicos, en las investigaciones arqueológicas y en la gestión del patrimonio —lo que Bezerra (2011) llama de «gestión compartida»—

se torna ética y socialmente esencial. En resumen, la práctica de la arqueología pública en el país se torna ética y socialmente esencial.

Siguiendo este razonamiento, la legislación actual que da bases legales para la relación neocolonialista discutida anteriormente entre el Estado brasilero, el patrimonio arqueológico y las minorías sociales y éticas se vuelve algo inviable. Es por eso que se torna necesaria una reforma legislativa en la cual el patrimonio arqueológico sea más que cultura material, fragmentos cerámicos y artefactos líticos, en la cual el patrimonio arqueológico sea inseparable de las personas que se apropian de él y donde el pasado nacional hegemónico sea cuestionado por medio de narrativas y memorias alternativas que actualmente no tienen voz.

## Conclusión

A partir de todo lo que fue abordado y discutido, queda claro que es imposible pensar el patrimonio arqueológico apenas como una entidad física y estática, disociándola de las relaciones y prácticas socioculturales que involucra y en las cuales actúa. Es imposible pensar que la preservación física del patrimonio por medio del registro arqueológico es suficiente, de la misma forma que es imposible pensar que ese es el objetivo final del trabajo arqueológico. El arqueólogo brasilero no puede cerrar más los ojos para la utilización sociopolítica del patrimonio y del pasado, y para su papel como agente social y político, escondiéndose detrás de la legislación colonialista y obsoleta del país y de la idea de la objetividad científica, en la cual él es el «guardián del registro arqueológico» (Hamilakis, 1999). El no involucramiento del arqueólogo no resulta en objetividad científica, solo resulta en la exclusión de la participación del público en la construcción del pasado y en la gestión del patrimonio, reforzando la construcción de un pasado nacional y hegemónico, y la reproducción de las estructuras colonialistas y neocolonialistas en el país.

Finalmente, como Holtorf (2005) alerta, la arqueología no trata de una realidad pasada, trata de un tiempo «recordado» de una forma específica, que cambia según el investigador, su posición académica y social (género, clase, etc.). No existe una «verdad» esperando a ser revelada por la metodología científica, el «registro arqueológico» no es preexistente, es producido a través de nuestra práctica disciplinar situada en determinados contextos socioculturales que defiende determinados discursos identitarios. En vez de ser el «guardián del registro arqueológico», el arqueólogo es un productor cultural que a través de sus informes, artículos, conferencias, clases, entrevistas, vídeos, conversaciones, etc., crea representaciones políticas del pasado (Hamilakis, 1999). La interpretación arqueológica, por lo tanto, es sobre el presente y ocurre en el presente (Campbell y Ulin, 2004; Hamilakis, 1999; Holtorf, 2005). Lo que importa no es el grado de precisión de una explicación sobre una «realidad» pasada, sino cómo y por qué el pasado es percibido y valorizado actualmente (Hotlrof, 2005). Lo que importa son las personas. En ese sentido, la principal función del arqueólogo sería: «(...) interrogar y desafiar los regímenes institucionales para la "producción de verdades", iluminar y exponer los vínculos de conocimientos con el poder, y adoptar una postura crítica en las batallas globales actuales de producción y consumo cultural» (Hamilakis, 1999: 74).

Siendo así, si la arqueología posee un papel activo en la recontextualización de los objetos del pasado en el presente, siendo una fuerza social y política, queramos o no, si el patrimonio arqueológico está en disputa en nuestro país (Najjar y Najjar, 2006), entonces ¡el posicionamiento de los arqueólogos y el desarrollo de investigaciones decolonizantes son urgentes! ¡La arqueología pública es urgente! Necesitamos comenzar a preocuparnos, entre otras cosas, con la forma en la cual las narrativas sobre el pasado y el patrimonio son constituidas y utilizadas en el presente. Necesitamos comprometernos para construir políticas de gestión compartida del patrimonio y en construir pasados multivocales. Necesitamos tomar posición en este fuego cruzado formado por los discursos hegemónicos y nacionalistas, y por los discursos subterráneos y marginalizados (Ferreira, 2008b). Caso contrario, continuaremos siendo uno de los principales agentes en los procesos de exclusión de las minorías sociales y étnicas en la construcción de sus historias y de sus patrimonios, justificando la exclusión económica, social, cultural, etc., de las mismas en el presente.

El patrimonio puede ser esencial en la lucha de los grupos minoritarios por los derechos que les fueron históricamente negados y, por eso, es críticamente necesario en el país el desarrollo de una arqueología pública y decolonizante que se suelte de las amarras colonialistas y neocolonialistas. Sin embargo, eso solo será posible por medio también de una reforma legislativa que asegure el desarrollo de esas investigaciones y programas de gestión patrimonial inclusivos que cuestionen el pasado nacional hegemónico y que resulten en el fortalecimiento de las minorías étnicas y sociales en Brasil.

## Referencias

ANDREWS, G.; BARRETT, J.; LEWIS, J. 2000. «Interpretation not record: The practice of archaeology». *Antiquity*, v. 74, n. 285, 525-530.

BASTOS, R.; SOUZA, M.; GALLO, H. (Orgs.). 2005. *Normas e Gerenciamento do Patrimônio Arqueológico*. Instituto do Patrimônio Histórico e Artístico Nacional, 9ª Superintendência Regional: São Paulo..

BERGGREN, A.; HODDER, I. 2003. «Social practice, method and some problems of field archaeology». *American Antiquity*, v. 68, n. 3, 421-434.

BEZERRA, M. 2003. «O público e o patrimônio arqueológico: reflexões para a Arqueologia Pública no Brasil». *Habitus*, v. 1, n.2, 275-295.

BEZERRA, M. 2010a. «As Pessoas e as Coisas: Reflexões Sobre a Arqueologia Pública e os Estudos de Cultura Material na Amazônia». *II Jornada de Arqueologia no Cerrado: Múltiplas Abordagens e Interdisciplinaridade*, Resumo. Goiânia.

BEZERRA, M. 2010b. «Nossa herança comum: considerações sobre a educação patrimonial na arqueologia amazónica». En Pereira, E.; Guapindaia, V. (Orgs.). *Arqueologia Amazônica*. Museu Paraense Emílio Goeldi/IPHAN/SECULT: Belém, 1021-1035.

BEZERRA, M. 2011. «As moedas dos índios: um estudo de caso sobre os significados do patrimônio arqueológico para os moradores da Vila de Joanes, ilha de Marajó, Brasil». *Bol. Mus. Para. Emílio Goeldi. Cienc. Hum.*, v. 6, n. 1, 57-70.

BRADLEY, R. 2006. «Bridging The Two Cultures. Commercial Archaeology and The Study of Prehistoric Britain». *The Antiquaries Journal*, v. 86, 1-13.

CAMPBELL, F.; ULIN, J. 2004. *Borderline Archaeology: a Practice of Contemporary Archaeology Exploring Aspects of Creative Narratives and Performative Cultural Production.*Department of Archaeology, Gotemburg University: Gotemburg.

CHADWICK, A. 2010. *What have the post-processualists ever done for us? Towards an integration of theory and practice; and radical field archaeologies.* Disponible en: http://independent.academia.edu/AdrianChadwick/Papers.

DÍAZ-ANDREU, M. 1999. «Nacionalismo y Arqueología: del Viejo al Nuevo Mundo». *Rev. do Museu de Arqueologia e Etnologia*, Suplemento 3, 161-180.

ENDERE, M.; CALI, P.; FUNARI, P. 2009. «Arqueología y comunidades indígenas. Un estudio comparativo de la legislación de Argentina y

Brasil». En Gnecco, C.; Rocabado, P. *Pueblos indígenas y arqueología en América Latina*, 267-292.

FERREIRA, L. 2008a. «Patrimônio, Pós-Colonialismo e Repatriação Arqueológica». *Ponta de Lança. São Cristóvão*, v. 1, n. 2, 37-62.

FERREIRA, L. 2008b. «Sob fogo cruzado: Arqueologia comunitária e patrimônio cultural». *Arqueologia Pública*, n. 3, 81-92.

FUNARI, P. 2003. *Arqueologia*. Contexto: São Paulo.

FUNARI, P. 2005. «Teoria e métodos na arqueologia contemporânea: o contexto da arqueologia histórica». *MNEME: Revista de Humanidades*, v. 6: 1-5. Disponible en: http://www.seol.com.br/mneme.

FUNARI, P. 2007. *Arqueologia e Patrimônio*. Habilis: Erechim.

FUNARI, P.; PELEGRINI, S. 2006. *Patrimônio Histórico e Cultural*. Jorge Zahar Editor: Río de Janeiro.

FUNARI, P.; ROBRAHN-GONZÁLEZ, E. 2006. Editorial. *Revista Arqueologia Pública*, nº 1, 130.

FUNARI, P.; ROBRAHN-GONZÁLEZ, E. 2008. «Ética, Capitalismo e Arqueologia Pública no Brasil». *História*. v. 27, 13-30.

GNECCO, C. 2009. «Caminos de la Arqueología: de la violencia epistémica a la relacionalidad». *Bol. Mus. Para. Emílio Goeldi. Ciências Humanas*, v. 4, n. 1, 15-26.

GNECCO, C. ; HABER, A. 2007. Editorial. *Arqueologia Sul-americana*, v. 3, n.1.

GODOY, R. 2004. «A legislação urbanística enquanto ferramenta para a gestão do patrimônio arqueológico – o estudo de caso para a Cidade de Goiás/GO». *Habitus*, v. 2, n. 1.

HABER, A. 2013. «Anatomía disciplinaria y arqueología indisciplinada». *Arqueología 19 Dossier*, 53-60.

HAMILAKIS, Y. 1999. «La trahison des archéologues. Archaeological practice as intellectual activity in postmodernity». *Journal of Mediterranean Archaeology*, v. 12, n. 1, 60-79.

HILBERT, K. 2006. «Qual o compromisso social do arqueólogo brasileiro?». *Revista de Arqueologia*, v. 19, 89-101.

HODDER, I. 2000. «Developing a reflexive method in archaeology». En Hodder, I. (Ed.). *Towards Reflexive Method in Archaeology: the example of the Çatalhoyuk*. McDonald Institute for Archaeological Research: Cambridge, 3-15.

HOLTORF, C. 2005. *From Stonehenge to Las Vegas. Archaeology and popular culture*. Altamira Press: Oxford.

LEMOS, C.; PELLINI, J. 2011. «A Teoria na Prática Arqueológica: Uma conversa sob a luz do luar». *Habitus*, v. 9, n.1, 33-47.

LIEBMANN, M. 2008. «Introduction: The intersection of Archaeology and postcolonial studies». En Liebmann, M.; Rizvi, U. (Eds.). *Archaeology and the postcolonial critique*. Altamira Press: Lanham, MD, 1-20.

LIMA, T. 1988. «Patrimônio Arqueológico, Ideologia e Poder». *Revista de Arqueologia Brasileira*, v. 5, 19-28.

LIMA, T. 1999. «Historical Archaeology in Brazil». *Society for American Archaeology Bulletin*. Disponible en: http://www.saa.org/Portals/0/SAA/publications/SAAbulletin/17-2/SAA14.html

LIMA, T. 2002. «Os marcos teóricos da Arqueologia histórica, suas possibilidades e limites». *Estudos Ibero-Americanos*, v. 28, n. 2, 7-23.

LIMA, T.; SILVA, R. 2002. «O conceito de sítio arqueológico histórico: implicações legais». *Revista do CEPA*, v. 26, n.35/36, 12-20.

LUCAS, G. 2001. *Critical approaches to fieldwork: contemporary and historical archaeological practice.* Routledge: Londres.

LYDON, J.; RIZVI, U. (Eds.). 2010. *Handbook of postcolonial archaeology.* Left Coast Press: Walnut Creek, California.

MCDAVID, C.; MCGHEE, F. 2010. «Commentary: Cultural resource management, public archaeology, and advocacy». En Lydon, J.; Rizvi, U. (Eds.). *Handbook of postcolonial archaeology.* Left Coast Press: Walnut Creek, California, 481-494.

MENESES, U. 1984. «Identidade cultural e arqueología». *Revista do Patrimônio Histórico e Artístico Nacional,* v. 20, 33-36.

MERRIMAN, N. 2004. «Introduction: diversity and dissonance in public archaeology». En Merriman, N. (Ed.). *Public Archaeology.* Routledge;: London and New York, 1-18.

MESKELL, L. 2005. *Archaeologies of Materiality.* Blackwell Publishing: Malden, MA.

NAJJAR, J.; NAJJAR, R. 2006. «Reflexões Sobre a Relação Entre Educação e Arqueologia: uma análise do papel do Iphan como educador coletivo». En Bezerra, M.; Filho, M. F. L. *Os Caminhos do patrimônio no Brasil.* Alternativa: Goiânia, 171-181.

OLIVEIRA, R. 1976. «Um conceito antropológico de identidade». En *Identidade, etnia e estrutura social.*Livraria Pioneira Editora: São Paulo, 34-50.

POLITIS, G. 2006. «Foro de Discusión: El Panorama Teórico en Diálogo». *Arqueologia Sul-americana,* v. 2, 167-204.

PYKLES, B. 2006. «An early example of public archaeology in the United States: Nauvoo, Illinois, 1962-1969». *North American Archaeologist,* v. 27, n. 4, 311-349.

REIS, J. 2003. «*Não pensa muito que dói*»: *um palimpsesto sobre teoria na arqueologia brasileira*. Campinas, SP: [s. n.].

SALERNO, M. 2012. «Pensar la arqueologia desde el sur». *Complutum*, v. 23, n. 2, 191-203.

SEGOBYE, A. 2006. «Historias estratificadas e identidades en el desarrollo de la arqueología pública en el sur de áfrica». *Arqueologia Sul-americana*. v. 2, n. 1, 93-118.

SHEPHERD, N. 2007. «Diálogos Desde El Sur. Foro Virtual: Arqueología y Descolonización». *Arqueologia Sul-americana*. v. 3, n. 1, 3-19.

SILVEIRA, F.; BEZERRA, M. 2007. «Educação patrimonial: perspectivas e dilemas». En Filho, M. Eckert, C.; Beltrão, J. (Orgs.). *Antropologia e patrimônio cultural: diálogos e desafios contemporâneos*. Nova Letra: Blumenau, 81-97.

SINGLETON, T.; SOUZA, M. 2009. «Archaeologies of the african diáspora: Brazil, Cuba, and the United States». En Majewski, T.; Gaimster, D. (Eds.). *International Handbook of Archaeology*. Springer: New York, 449-469.

SOARES, I. 2007. *Base Normativa da Tutela do Patrimônio Arqueológico Brasileiro*. Habilis: Erechim.

SOARES, F.; BASTOS, R.; COIMBRA, F.; OOSTERBEEK, L. 2010. «Arqueologia histórica em Florianópolis e a preservação patrimonial: legislação, conceitos e sítios arqueológicos». *Anais do IVº SIMP*, 320-330.

SYMANSKI, L.; ZARANKIN, A. 2014. «Brazil: Historical Archaeology». En Smith, C. (Ed.). *Encyclopedia of Global Archaeology*. SpringerReference: New York, 998-1005.

THOMAS, J. 1999. «A materialidade e o social. *Rev. do Museu de Arqueologia e Etnologia*». Suplemento 3, 15-20.

TILLEY, C. 1989. «Excavation as theatre». *Antiquity*, v. 63, 275-80.

TILLEY, C. 2007. «Materiality in materials». *Archaeological Dialogues*, v. 14, n. 1, 16-20.

TRIGGER, B. 1984. «Alternative archaeologies: nationalist, colonialist, imperialist». En Hodder, I.: Preucel, R. *Contemporary archaeology in theory. A reader*. Blackwell Publishers: Oxford, 615-631.

TRIGGER, B. 1989. *História do pensamento arqueológico*. 2ª Ed. Odysseus Editora Ltda: São Paulo.

VERDESIO, G. 2006. «Foro de Discusión: El Panorama Teórico en Diálogo». *Arqueologia Sul-americana*. v. 2, n. 2, 167-204.

WATKINS, J. 2007. «Diálogos Desde El Sur. Foro Virtual: Arqueología y Descolonización». *Arqueologia Sul-americana*. v. 3, n. 1, 3-19.

ZANETTINI, P. 2009. «Projetar o futuro para a Arqueologia brasileira: desafio de todos». *Revista de Arqueologia Americana*, v. 27, 71-84.

ZARANKIN, A.; PELLINI, J. 2012. «Arqueologia e companhia: reflexões sobre a introdução de uma lógica de mercado na prática arqueológica brasileira». *Revista de Arqueologia SAB*, v. 25, n. 2, 44-61.

ZARANKIN, A; SALERNO, M. 2007. «El Sur Por El Sur: Una Revisión Sobre La Historia y El Desarrollo De La Arqueología Histórica En América Meridional». *Vestígios*, v. 1, n. 1, 15-48.

ZARANKIN, A; SALERNO, M. 2010. «"Todo está guardado en la memoria..."; Reflexiones sobre los espacios para la memoria de la dictadura en Buenos Aires (Argentina)». En *Historias Desaparecidas; Arqueología, violencia política y memoria*. Editorial Brujas/ Universidad Nacional de Catamarca: Córdoba, Colección Contextos.

ZIMMERMAN, L. 2007. «Diálogos Desde El Sur. Foro Virtual: Arqueología y Descolonización». *Arqueologia Sul-americana*. v. 3, n. 1, 3-19.

# CAPÍTULO 4

# ARQUEOLOGÍA DE CONTRATO, ESTUDIOS DE IMPACTO Y GESTIÓN PATRIMONIAL EN BOLIVIA

**Sergio Calla Maldonado**

*Carrera de Arqueología, Universidad Mayor de San Andrés*

**Juan Villanueva Criales**

*Museo Nacional de Etnografía y Folklore, La Paz*

## Introducción

La práctica de una arqueología de contrato en Bolivia es un fenómeno que parecería relativamente nuevo, pero que tras un desarrollo de décadas actualmente atraviesa un auge importante llevado de la mano de la bonanza económica general que atraviesa el país. Sin embargo, son escasos los análisis de sus características históricas y coyunturales, así como de sus relaciones con otros actores sociales y con la arqueología académica. En este artículo comenzamos recorriendo brevemente los antecedentes de la legislación boliviana en torno a arqueología, sugiriendo un acaparamiento gradual de toda la actividad arqueológica de parte del Estado, especialmente entre las décadas de 1950 y 1970.

Posteriormente nos ubicamos en la crítica década de 1980 para definir un quiebre de la práctica arqueológica en ámbitos institucionalmente separados. Recorriendo los aspectos institucionales y normativos de la era neoliberal, encontramos en ella la génesis de una práctica de arqueología centrada en los estudios de impacto ambiental que continúa hasta el presente. Después abordamos el contexto de progresiva descentralización administrativa de la gestión del patrimonio arqueológico que tiene lugar desde el año 2008, con el advenimiento del Estado Plurinacional de Bolivia. Este proceso ha definido otro nicho de arqueología laboral vinculado a los intereses de gobernaciones departamentales y municipios, frecuentemente rurales y con fuerte componente indígena, que creemos constituye una particularidad de la arqueología boliviana respecto a las de países vecinos. Finalmente, exploramos las causas del virtual divorcio entre la práctica arqueológica de contrato y la práctica académica.

### Breve historia de la arqueología estatal (1903 – 1983)

Las primeras instituciones estatales vinculadas al ámbito arqueológico en Bolivia son eminentemente museísticas, como es el caso del Museo Público fundado el 13 de junio de 1846, durante la presidencia de José Ballivián. El mismo, rebautizado como Museo Nacional en 1922, es el germen del actual Museo Nacional de Arqueología (MUNARQ). De todas maneras, la ausencia de instituciones destinadas plenamente a la práctica arqueológica no impidió que el gobierno boliviano tuviese cierto control sobre las misiones científicas que actuaban en su territorio, al menos en sitios tan reconocidos como Tiwanaku. Ya en la segunda mitad del siglo XIX, el arqueólogo alemán Max Ühle había desistido de trabajar en Bolivia al negársele el permiso respectivo (Kolata y Ponce, 2003).

Tras la Guerra del Pacífico (1879-1883) y la Guerra Federal (1898-1899) que otorga a las elites liberales de La Paz el control del gobierno, se genera la primera normativa de protección para sitios y objetos arqueológicos, quizá motivada por el trabajo de la misión francesa Créqui-Montfort en 1903. Durante el gobierno de Ismael Montes, el Congreso Nacional sanciona la

Ley denominada *Régimen legal de las ruinas de Tiahuanaco, de las existentes en las Islas del lago Titicaca y de todas las de la época incásica y anterior*, en la cual declara a las mismas como propiedad de la Nación y encarga al gobierno su cuidado y conservación. De todos modos, su preservación, restauración y excavación puede ser delegado a las sociedades geográficas[1] o incluso a individuos particulares (Art. 3, 1906).

Como complemento a esta ley, en 1909 el Decreto Supremo *Régimen de excavaciones en Tiahuanaco e Islas del lago Titicaca* prohíbe las excavaciones y apropiación de materiales, explicitando que «Las excavaciones solo se harán por encargo del gobierno a corporación o personas que presenten un plan científico y completo de exploración» (Art. 4, 1909), además de encargar al Ministerio de Instrucción Pública el cumplimiento del decreto. Durante décadas posteriores, la manera de proteger un sitio arqueológico era incluirlo al régimen de 1909 mediante un Decreto Supremo[2].

En 1938, tras la Guerra del Chaco (1932-1935) se da la reforma más importante a la Constitución Política de Bolivia hasta entonces, promovida por un gobierno marcadamente nacionalista como el de Germán Busch. Con ella, la normativa de protección a los bienes arqueológicos alcanza nivel constitucional, al declararse que «La riqueza artística, arqueológica e histórica y la procedente del culto religioso, es tesoro cultural de la Nación, está bajo el amparo del Estado y no puede ser exportada» (Art. 163, 1938).

Sin embargo, la aparición de una institución dedicada a la arqueología desde el ámbito estatal esperará hasta 1950, año en que el D.S. 2242 crea la Comisión Nacional de Cultura, presidida por el ministro de Educación.

---

1 Estas agrupaciones de la elite civil existían para ese entonces en todas las ciudades importantes del país, siendo con el respaldo de una de ellas, la Sociedad Geográfica de La Paz, que se desarrolló la narrativa arqueológica de Arthur Posnansky, la más aceptada localmente durante la primera mitad del siglo xx (Albarracín, 2008).

2 Como muestra el D.S. 07-10-1936, por el cual se incluye a la «Comunidad Konko» (hoy el sitio arqueológico de Khonkho Wankane) en la misma situación que Tiwanaku y las islas del Titicaca en virtud de los descubrimientos arqueológicos realizados, presumiblemente, por el trabajo de Wendell Bennett.

Uno de los cinco vocales que conforman esta entidad se encuentra dedicado a Arqueología e Historia, y se establece entre las atribuciones de la Comisión la «Conservación de los monumentos nacionales y defensa de los valores artísticos, arqueológicos, históricos y tradicionales existentes en el país, así como la concesión de permisos para realizar excavaciones arqueológicas» (Art.8, 1950).

La institucionalización de la arqueología boliviana se acelera marcadamente tras la Revolución Nacional de 1952, fuertemente vinculada a la figura de Carlos Ponce Sanginés[3], uno de los cuadros jóvenes del gobernante Movimiento Nacionalista Revolucionario (MNR). En 1956 se crea al interior del Ministerio de Educación y Bellas Artes un Departamento de Arqueología, Etnografía y Folklore a la cabeza de la esposa de Ponce, Julia Elena Fortún. El mismo está dotado de un Consejo Consultivo en el que destaca, entre investigadores como Maks Portugal Zamora o Gregorio Cordero Miranda, el propio Ponce. Este departamento recibe en 1957 el encargo de redactar el primer Reglamento de Excavaciones Arqueológicas, tarea completada en 1958 (Ponce, 1960). Ese mismo año, Tiwanaku es el escenario de un paso esencial para la institucionalización. Un Decreto Supremo (D.S. 4986) autoriza a la prefectura del Departamento de La Paz a ceder un predio en dicha localidad al Comité Consultivo de Arqueología para albergar al Centro de Investigaciones Arqueológicas de Tiwanaku (CIAT) que se crea meses después bajo dirección de Ponce. Así, en un año el Estado Nacional ha creado una herramienta técnico-legal para evaluar y autorizar la excavación y ha adquirido control directo sobre la práctica arqueológica en el sitio más importante y emblemático del país.

Es central en la idea de Ponce que la arqueología, practicada por investigadores bolivianos, debía servir al desarrollo nacional (Ponce,

---

3 Como Oficial Mayor de Culturas de la Alcaldía Municipal de La Paz, Ponce organiza junto a Dick Ibarra Grasso la Primera Mesa Redonda de Arqueología de Bolivia en 1953. Este evento es un hito para la arqueología académica en Bolivia, pues reivindica una arqueología científica en desmedro de la labor previa, más especulativa, desarrollada por Arthur Posnansky desde ámbitos no estatales y fuertemente ligados a las elites prerrevolucionarias (Ponce, 1957).

1980), por lo que la mayor parte de los puntos de este reglamento están orientados a la práctica de la arqueología científica desde proyectos de investigación y sirvieron, en la práctica, para inhibir la actuación de arqueólogos extranjeros en Bolivia, especialmente desde 1967. Solo el último apartado especifica que ante el hallazgo de cualquier objeto, pieza o ruina prehispánica en excavaciones destinadas a construcción, minería, apertura de vías u otros, toda autoridad, funcionario, contratista o persona natural o jurídica está obligada a denunciar el mismo ante el Departamento de Arqueología, que «ordenará sin demora el reconocimiento técnico correspondiente a fin de decidir sobre la importancia o mérito del descubrimiento y en su caso realizar una excavación de salvamento para evitar la pérdida irremisible del material» (Art. 53, 1958). De esta manera, queda patente que la práctica arqueológica de salvataje es también tuición del Estado.

Los años de 1960 ven solamente una serie de cambios de nomenclatura a nivel institucional, al configurarse al interior del Ministerio de Educación y Cultura una Dirección Nacional de Cultura a la cual se subsume el Departamento de Antropología (D.S. 5918, 1961). El cambio que consolida la institucionalización de la arqueología estatal en Bolivia se da durante la dictadura de Hugo Banzer, al crearse el Instituto Boliviano de Cultura (IBC), entidad descentralizada del Ministerio de Educación y Cultura. Una de sus funciones es la catalogación y registro del patrimonio arqueológico, para lo cual cuenta con el Instituto Nacional de Arqueología (INAR) (D.S. 12302, Art.3, 1975). Esta entidad, dirigida por Ponce desde su fundación hasta 1982, tuvo asimismo la posibilidad de editar publicaciones especializadas, con lo que las investigaciones realizadas por el CIAT durante los sesenta y setenta, y las nuevas desarrolladas por el INAR comienzan a difundirse fuertemente. Asimismo, una serie de centros estatales de investigaciones arqueológicas se crean hacia 1975, replicando el modelo del CIAT en sitios de primer orden como Copacabana e Iskanwaya (La Paz) o Samaipata (Santa Cruz).

Así, a lo largo de las primeras siete décadas del siglo xx se da una gradual apropiación de la práctica arqueológica por instancias estatales. Hasta ese momento no existe un centro de enseñanza profesional de la arqueología —a excepción de una breve experiencia en la Universidad Mayor de San Simón de Cochabamba—, y la ideología nacionalista rechaza la inserción de misiones extranjeras en Bolivia. Así, tanto la academia y difusión como la salvaguarda del patrimonio y el salvataje o rescate son controlados por funcionarios estatales, siempre a la cabeza de Ponce[4].

## Surgimiento y coyuntura de los estudios de impacto arqueológico

La situación de la arqueología boliviana cambiará radicalmente a mediados de los años ochenta. Parecen existir muchos factores que contribuyen a este quiebre respecto al paradigma nacionalista.

Cabe recordar que es a partir del Consenso de Washington de 1989 y su propagación a escala global, que el paradigma liberal de una economía de mercado estándar alcanzará a todos los países latinoamericanos. Debe mencionarse también que al igual que Bolivia, la mayoría de los países del continente entre el periodo de 1982 a 1990 pasaron de las dictaduras a la democracia (Casilda Bejar, 2004), y que el sistema de mercado se está relacionado con este movimiento (Libdblom, 2001). Esa noción de la economía de mercado fue actuada y operativizada por el Fondo Monetario Internacional (FMI) y el Banco Mundial (BM), buscando que las economías en desarrollo, se constituyan en economías de mercado competitivas.

---

4 La cobertura territorial de la arqueología estatal pretende ser amplia, pero en la práctica se restringe al occidente altiplánico y algunos contrafuertes de yungas y valles, ingresando escasamente en las tierras bajas del oriente y norte del país. Asimismo, Cochabamba, en el centro de Bolivia, se plantea como un bastión de resistencia ante la arqueología estatal desde el trabajo de Ibarra Grasso y sus sucesores a la cabeza del Instituto de Investigaciones Arqueológicas y Museo de la Universidad Mayor de San Simón (INIAN-UMSS).

En el caso boliviano, tras las dictaduras militares y el retorno a la democracia, la fuerte crisis económica durante el gobierno de la Unión Democrática y Popular (UDP) causó una notable reducción del presupuesto destinado a cultura en general y a arqueología en particular, que se traducirá desde entonces en un marcado desinterés del gobierno boliviano por financiar investigación arqueológica y por potenciar a las instancias de fiscalización y gestión patrimonial. Hecho que cambiará luego de los ajustes económicos desarrollados posteriormente por el siguiente gobierno de Paz Estensoro y el Movimiento Nacionalista Revolucionario, quien tuvo a su cargo la estabilización de la economía y la creación del decreto 21060, que adecuaba económicamente al país para la introducción de la política del libre mercado y la globalización. La vía de escape a la crisis que escoge el gobierno boliviano a partir de 1986 es la apertura progresiva hacia los capitales extranjeros, que tiene su símil en el campo de la arqueología académica[5].

Un tercer factor es la creación de la Carrera de Antropología y Arqueología de la Universidad Mayor de San Andrés (UMSA) de La Paz en 1984, hasta hoy el único centro de profesionalización en arqueología en Bolivia. Aunque Ponce nunca enseñó en esta carrera, influye sobre sus primeras generaciones de arqueólogos profesionales a través de docentes fuertemente vinculados al INAR como Max Portugal Ortíz o Jorge Arellano López. Sin embargo, a mediados de los noventa nuevos arqueólogos bolivianos insertos en proyectos extranjeros recibían el influjo del procesualismo estadounidense[6]. Esta universidad disidente del «tiwanakucentrismo» ponciano (Angelo, 2005; Michel, 2008) y los

---

5 Aunque los primeros antecedentes son proyectos estadounidenses como el de Donald Brockington en Cochabamba (1982) y europeos como el de Patrice Lecoq en el altiplano Intersalar (1983), tal vez el emblema de esta nueva orientación de la arqueología estatal sea el Proyecto Wila Jawira, dirigido por Alan Kolata de la Universidad de Chicago en el área «nuclear» de la cuenca sudeste del Titicaca desde 1986.

6 También es influyente la etnohistoria europea, sobre todo francesa, que había comenzado a operar en el país a finales de los años setenta y producido sus documentos más importantes durante los ochenta.

proyectos extranjeros quebrarán la hegemonía estatal en el terreno académico, manteniendo el INAR solo una función de fiscalización y rescate.

La existencia de arqueólogos profesionales no estatales fue un prerrequisito para el desarrollo de una práctica arqueológica de contrato propiamente dicha desde mediados de 1990. El útil normativo que permitió esta práctica se da al interior de un marco neoliberal de protección de recursos naturales explotados por privados: la Ley 1333 de Medio Ambiente promulgada en 1992, en el gobierno de Jaime Paz Zamora, y que continúa vigente. Según esta ley comete un delito contra el medio ambiente quien «destruya, deteriore, sustraiga o exporte bienes pertinentes al dominio público, fuentes de riqueza, monumentos u objetos del patrimonio arqueológico, histórico o artístico nacional» (Art. 106, 1992).

En términos procedimentales, la ley prevé que las obras, proyectos o actividades públicas o privadas deben contar previamente a su fase de inversión con la identificación de la categoría de evaluación de impacto ambiental requerida; las dos primeras categorías (1 y 2) requieren de Estudios de Evaluación de Impacto Ambiental (EIA) analíticos, necesarios para tramitar la Licencia Ambiental que toda obra requiere antes de su ejecución. En su Reglamento de Prevención y Control Ambiental, la Ley 1333 especifica que las obras o proyectos de Categoría 1 requieren un EIA Integral por el grado de su incidencia sobre el ecosistema, y deberán «incluir en sus estudios el análisis detallado y la evaluación de todos los factores del sistema ambiental: físico, biológico, socioeconómico, cultural, jurídico-institucional, para cada uno de sus respectivos componentes ambientales» (Cap. II, Art. 15, 1992). En el caso de la Categoría 2, que requiere un EIA Específico, el estudio se restringe al análisis detallado de algunos de estos atributos y un análisis general de los otros.

Esta normativa obliga a que emprendimientos públicos o privados de cierta envergadura, especialmente en los ámbitos de la minería o exploración de hidrocarburos, construcción civil, carreteras y planteamiento de ductos, tienden a contratar arqueólogos para el inventario, evaluación del impacto y planteamiento de medidas de mitigación del mismo sobre el patrimonio arqueológico. Con ello, desde mediados de los noventa se abrió un nicho laboral para los arqueólogos.

En el ámbito laboral es el momento de la aparición de las empresas consultoras en arqueología, una de las primeras fue la Empresa Consultora en Arqueología (ECOAR) quien por un tiempo tuvo a cargo proyectos importantes como el complejo minero San Cristobal, Amayapampa, o el Gasoducto a Puerto Suarez en su fase inicial, que posteriormente estuvo a cargo de Dames & Moore. La desintegración de ECOAR, bajo la gerencia de Marcos Michel y Juan Albarracín Jordan, marcó una nueva era de aparición de consultoras en arqueología, como SCIENTIA S.R.L. de Jédu Sagárnaga, vigente hasta la actualidad, así como de la consultoría individual subcontratada que continúa siendo una práctica común junto a la asociación accidental.

Este nuevo estado de cosas llevó a una reorganización de las instituciones estatales. En 1994, el Decreto Supremo 23786 disuelve el Instituto Boliviano de Cultura, reemplazándolo con la nueva Secretaría Nacional de Cultura, subordinada al Ministerio de Desarrollo Humano (Art. 3, 1994). Entre otros, esta disposición afecta al INAR, que pasa a depender de otra entidad estatal. En 1996, una resolución de la Secretaría Nacional de Cultura determina que el Instituto Nacional de Arqueología (INAR) sea convertido en la Dirección Nacional de Arqueología y Antropología (DINAAR), con Javier Escalante como primer Director. La nueva orientación de la DINAAR puso el acento no en la investigación propia, sino en la fiscalización y control de emprendimientos investigativos extranjeros y nacionales. Se ha cuestionado que en este momento la DINAAR pasó a ejercer la fiscalización de los proyectos extranjeros y los pocos nacionales que existían en ese momento, muchos de estos últimos proyectos de tesis de la UMSA, y por otra parte de los proyectos desarrollados por el mismo Estado boliviano. En una suerte de parte y contraparte era la misma institución que fiscalizaba y ejecutaba los proyectos de impacto.

De todas maneras, se generó una separación entre los ámbitos de la academia y la práctica de contrato, al punto que cada uno de ellos pasó a desarrollar y emplear normativas y herramientas técnico-administrativas diferentes y a responder a dos entidades estatales —la Secretaría Nacional de Cultura y la Secretaría Nacional de Medio Ambiente— en gran medida desvinculadas. La DINAAR y las entidades que le sucedieron fueron incluidas solamente en la posterior fase de implementación de una obra, siendo informadas acerca de las medidas de mitigación de daño o autorizando la eventual liberación de un sitio arqueológico avalada por el arqueólogo de contrato.[7]

Una prueba de esta desvinculación es la actualización del Reglamento de Excavaciones Arqueológicas realizada por la DINAAR en 1997[8]. El mismo es una copia del Reglamento de 1958, con leves modificaciones de nomenclatura institucional. Sostiene que «Las excavaciones autorizadas tendrán por exclusivo objeto la investigación científica» (Art. 7, 1997), desligándose de las prácticas preventivas del Estudio de Impacto Ambiental. En 2002, la DINAAR desciende al rango de Unidad Nacional de Arqueología (UNAR), que más allá de una actuación controvertida en el sitio de Tiwanaku entre los años 2004 y 2009, a la que aludimos en el apartado siguiente, mantuvo sus funciones fiscalizadoras de la arqueología investigativa. El año 2009 se conformó el Ministerio de Culturas (hoy Ministerio de Culturas y Turismo), integrando a la UNAR como parte de la Dirección General de Patrimonio Cultural, al interior

---

7 Esta situación se mantiene hasta la actualidad. Como veremos, aunque el nuevo Reglamento de Autorizaciones para Actividades Arqueológicas (2010) y la nueva Ley de Patrimonio Cultural (2014) prevén mayor participación de la UDAM en este proceso, todavía no se visualizan sus efectos reales sobre la práctica de contrato.

8 Mismo año que la Secretaría Nacional de Cultura pasaba a denominarse Viceministerio de Cultura, siempre al interior del Ministerio de Desarrollo Humano.

del Viceministerio de Interculturalidad. Tras una fuerte intervención, motivada principalmente por su actuación previa en Tiwanaku, fue reestructurada el 2010 como Unidad de Arqueología y Museos (UDAM). En el proceso dado desde 1996, los recursos humanos y económicos de la entidad arqueológica estatal se ven muy disminuidos, convirtiéndola en un remanente escaso del potente INAR de 1975.

El año 2012 el Ministerio de Culturas promulga un Reglamento de Autorizaciones para actividades Arqueológicas que viene a reemplazar al de 1997. En lo concerniente a arqueología de contrato, el espíritu de este documento es integrar esta práctica al control de la UDAM. Así, reconoce como una modalidad de intervención sobre el patrimonio arqueológico a los Proyectos de Evaluación Arqueológica, «originados por la afectación por remoción o movimiento de suelos en superficie, subsuelo o ambientes subacuáticos, para la edificación o construcción de obras públicas civiles (caminos, aeropuertos, puentes y obras civiles en general), explotación de recursos naturales petrolíferos, mineros o cualquier actividad que sea generada y desarrollada por empresas privadas o públicas» (Art.3, 2012). Indica además que todas las personas naturales o jurídicas, públicas o privadas, bolivianas o extranjeras, involucradas tanto en actividades de arqueología científica como en obras de construcción, exploración y semejantes, deben realizar estudios de diagnóstico, rescate y monitoreo arqueológicos así como de conservación preventiva, debiendo contar para ello con profesionales titulados en arqueología (Art. 4, 2012). Finalmente, entrega a la UDAM la responsabilidad analítica sobre las autorizaciones que emita el Viceministerio de Interculturalidad, requeridas para toda actividad arqueológica, incluidos los Proyectos de Evaluación de Impacto Arqueológico (Art. 10, 2012).

Más allá de requerir la intervención de arqueólogos de contrato en un amplio rango de actividades, el Reglamento no alcanza el mismo nivel de especificidad que aquel que acompaña la Ley de Medio Ambiente. Es decir, no indica qué tipo o envergadura de obra requerirá qué tipo de intervención de parte de un arqueólogo de contrato, ni cuál es la instancia encargada de definir esta categorización. La falta de un procedimiento explícito y los escasos recursos humanos y técnicos de la UDAM convierten a este requerimiento en una declaración de principios sin potencialidades operativas. En términos explícitos, la UDAM no solicita las Evaluaciones de Impacto Arqueológico, sino que se limita a autorizar y supervisar aquellas que vayan a realizarse a requerimiento del Ministerio de Medio Ambiente y Aguas, en virtud a la Ley 1333.

La voluntad del Ministerio de Culturas por obtener cierto control sobre la práctica arqueológica de contrato se refrenda con la Ley 530 del Patrimonio Cultural Boliviano, promulgada el año 2014. La misma explicita que «Todas las obras, actividades públicas o privadas, que pretendan intervenir en un Bien Patrimonial o cerca del mismo, con carácter previo a su desarrollo, deberán contar con los estudios necesarios y los informes técnico jurídicos correspondientes» (Art. 42, III, 2014). Con esta declaración básicamente se avala a nivel legal la disposición reglamentaria anterior, sin descender por obvias razones al nivel explícitamente procedimental necesario para que esta ley o su reglamento tengan efectos serios sobre la práctica arqueológica de contrato. Tal vez por ello, el Ministerio de Medio Ambiente y Agua sigue siendo la entidad estatal que regula, mediante la categorización del grado de impacto ambiental de las obras y proyectos públicos o privados, la demanda de una práctica arqueológica de impacto. En términos prácticos, la UDAM se limita a acopiar los informes resultantes de los Estudios de Impacto y de las intervenciones de mitigación del impacto.

En este último tiempo se observa un auge de los estudios de impacto arqueológico y se ha visto la aparición de equipos estables de arqueólogos en consultoras que en origen se dedicaban exclusivamente a la construcción de carreteras u otras obras. A la vez los consultores individuales han crecido en número conforme se acrecentó la cantidad de arqueólogos titulados de la UMSA. Al momento se cuenta con 60 a

70 arqueólogos titulados, de los cuales una treintena se dedican a esta actividad. Habiéndose normado más el tema de impacto arqueológico con el nuevo Reglamento de Autorizaciones Arqueológicas del 2012, mentada por los arqueólogos de la academia, se ha creado cada vez más la obligatoriedad de la prestación de servicios por parte de arqueólogos profesionales, disminuyendo el trabajo de estudiantes egresados, que en el pasado eran hábilmente utilizados por las empresas que podían contratarlos por costos más bajos ante la falta de normativa.

## Descentralización y gestión del patrimonio arqueológico

Como notábamos en el apartado anterior, en el año 2004 la Unidad Nacional de Arqueología (UNAR) inició un ambicioso proyecto de excavación y restauración en el sitio de Tiwanaku, que contó con fuertes financiamientos de la empresa privada y a partir del 2007, iniciando el primer gobierno de Evo Morales y el Movimiento Al Socialismo (MAS), también de la Embajada de Venezuela (El Deber, 2008). La motivación central de este esfuerzo era incrementar el atractivo del sitio para el turismo, pero los métodos cuestionables de conservación y restauración no tardaron en suscitar la preocupación de UNESCO[9]. En el año 2009, en un hito sin precedentes, el Gobierno Municipal de Tiwanaku impidió el acceso de los arqueólogos de la UNAR al sitio para reemplazarlos por un equipo municipal de arqueólogos profesionales (Lémuz, 2009), que eventualmente tomó a su cargo el trabajo arqueológico en el sitio. Esta situación, inimaginable en décadas anteriores, responde en parte a los crecientes ingresos económicos sobre el sitio tras su declaratoria UNESCO, pero también debe entenderse desde el creciente empoderamiento de las entidades municipales y departamentales frente al nivel central del estado.

El argumento legal que encuentra el Municipio de Tiwanaku para su actuación se encuentra en la Nueva Constitución Política del Estado

---

9 Tiwanaku está inscrito en la Lista de Patrimonio Mundial desde el año 2000.

aprobada el año 2008 y promulgada el mismo 2009. La misma fue generada en los primeros años de gobierno del MAS y constituye el cambio constitucional más radical desde aquel generado en 1938. En sí misma, representa una refundación del país, que adopta el nombre de Estado Plurinacional de Bolivia. Esta Constitución reivindica a Bolivia como un Estado «descentralizado y con autonomías» (Art. 1, 2008), reconociendo gobiernos autónomos para los nueve departamentos (Art. 277) y los entonces 339 municipios del país (Art. 283). Además establece la posibilidad de que los municipios se reúnan voluntariamente en Regiones Autónomas (Art. 280), o que ciertos territorios o municipios adopten la cualidad de gobiernos Indígena Originario Campesinos (Art. 291, I).

En términos de patrimonio arqueológico, la CPE del 2008 establece en su Sección III destinada a Culturas, que «La riqueza natural, arqueológica, paleontológica, histórica, documental, y la procedente del culto religioso y del folklore, es patrimonio cultural del pueblo boliviano, de acuerdo con la ley» (Art. 99, III, 2008). Posteriormente, establece que la promoción de la cultura y la conservación del patrimonio cultural, incluido el arqueológico, es competencia privativa (no delegable ni transferible) del nivel central del Estado para aquel patrimonio «de interés del nivel central del Estado» (Art. 298, I, 25, 2008). A su vez, los gobiernos autónomos departamentales, municipales e Indígena Originario Campesinos poseen competencias exclusivas (legislativa intransferible, reglamentaria y ejecutiva transferibles), sobre la promoción de la cultura y conservación del patrimonio cultural, incluido el arqueológico, en sus jurisdicciones (Arts. 300, 302, 304, 2008).

Claramente, la ausencia en ese momento de una ley y una reglamentación para el ámbito arqueológico adecuadas al nuevo contexto generó vacíos legales y ambigüedades, fundamentalmente en la definición de un bien arqueológico «de interés para el nivel central del Estado»[10].

---

10 Aunque es probable que esta categoría incluya los sitios declarados explícitamente patrimonio nacional o patrimonio mundial, esto no queda explícito en la normativa.

Mediante la Ley Marco de Autonomías y Descentralización 031 del 2010, parte de esta ambigüedad se disipa. Se pone en manos del nivel central del estado la definición de políticas para la protección, conservación y promoción de «yacimientos, monumentos o bienes arqueológicos» y el control del patrimonio cultural «de interés general y declarado patrimonio de la humanidad» (Art. 86, I, 2010). Por otro lado, se delega a las entidades territoriales el desarrollo de normativas específicas para la declaración, protección, conservación y promoción del patrimonio cultural, incluido el arqueológico, en sus jurisdicciones (Art. 86, II, III, IV, 2010). Desde este punto de vista, el patrimonio arqueológico debería atravesar una escala de declaratorias desde el nivel más bajo hasta, eventualmente, el más alto. En cada escalón la normativa estaría a cargo de la entidad territorial competente.

En este marco que otorga una tuición significativa sobre el patrimonio arqueológico a las entidades territoriales autónomas, llamó la atención el espíritu extremadamente centralista del Reglamento de Autorizaciones para actividades Arqueológicas del 2012. El mismo centra la responsabilidad de la ejecución y cumplimiento del reglamento al Viceministerio de Interculturalidad a través de la UDAM (Art. 5, 2012). Dicha entidad deberá autorizar a cualquier persona o entidad pública o privada la realización de actividades de investigación, evaluación de impacto arqueológico, preservación y rescate, puesta en valor, planes de manejo, conservación, preservación y mantenimiento, gestión del patrimonio arqueológico, análisis de muestras en laboratorios, promoción y difusión, filmaciones en sitios arqueológicos, reproducciones artesanales y todo tipo de actividades en sitios arqueológicos (Art. 10, I, 2012).

El control que pretendió adquirir la UDAM sobre un rango tan amplio de actividades suscitó protestas de varios sectores de la academia arqueológica, especialmente de universidades e institutos que vieron afectada su autonomía en el desarrollo de la investigación. Las pretensiones de tan amplio control desde una repartición de menos de diez arqueólogos, centralizada en La Paz y con escasos recursos para movilizarse sobre 1099000 km² de territorio pueden calificarse de ilusas. Sin embargo, es probable que este carácter centralizado se deba a que las entidades autónomas territoriales deben aún desarrollar sus propias normativas y estar en condiciones de contratar personal para la protección de su patrimonio[11]. El aún escaso número de profesionales en arqueología —menos de 60 para el año 2012—, es otro factor probable para el planteamiento prudente de un reglamento muy centralizador, cuya aplicación práctica a escala nacional es escasa.

El elemento de normativa más reciente es la Ley 530 del Patrimonio Cultural Boliviano del año 2014. En ella se explicita que el patrimonio arqueológico, paleontológico y subacuático pertenece al Estado, incluyendo a los bienes que no hubiesen sido descubiertos aún (Art. 14, I, III, 2014). Esta Ley establece la Gestión del Patrimonio Cultural como Descentralizada (Art. 15, I, 2014) y la define como el «Conjunto de actuaciones programadas, con el objetivo de conseguir una óptima conservación y aprovechamiento de los bienes patrimoniales, que se encuentren adecuados a las exigencias sociales» (Art. 23, 2014), compuesta por «la planificación, el registro, la declaratoria, la promoción, difusión, exhibición y traslado; la recuperación, la repatriación, las medidas administrativas y otros establecidos en la presente Ley y su reglamentación» (Art. 16, II, 2014)

De manera importante, basa la gestión del patrimonio cultural en la elaboración de planes generales encaminados a garantizar la protección, sostenibilidad y aprovechamiento del Patrimonio Cultural Boliviano

---

11 El desarrollo de las normativas respecto a patrimonio cultural de parte de estas entidades ha sido lento e infrecuente, siendo tal vez una excepción el Gobierno Autónomo Departamental de Cochabamba, precisamente el departamento históricamente más contestatario, en términos arqueológicos, al centralismo de La Paz. Más allá de aspectos técnicos que hacen al registro y la declaratoria patrimonial, es notable que la Ley 370 del Patrimonio Cultural del Departamento de Cochabamba (2013) explicite que «El Patrimonio Cultural del Departamento (que incluye al arqueológico) pertenece a Cochabamba, esté o no, físicamente presente y/o registrado» (Art. 9, I, 2013).

(Art. 19, 2014) y planes específicos para la gestión de determinado bien o manifestación patrimonial (Art. 20, 2014). Los planes generales son aprobados tanto por el Ministerio de Culturas y Turismo como por las gobernaciones, municipios y gobiernos Indígena Originario Campesinos respectivos, mientras que los específicos involucran a todas las entidades competentes de manera coordinada. La Ley 530 otorga a los gobiernos territoriales autónomos cierta apertura para establecer y ejecutar planes de gestión generales que alcancen, al menos, el punto en que el patrimonio arqueológico es registrado. Con estos elementos, queda intacta la posibilidad —planteada ya desde el año 2009 con la nueva CPE— de mantener un nicho laboral para arqueólogos de contrato trabajando en el rubro del registro de patrimonio arqueológico con fines de gestión patrimonial, y participando eventualmente de actividades relacionadas al manejo, puesta en valor, protección y prevención.

Interesantemente, en este caso los empleadores del arqueólogo son gobiernos departamentales, municipales y, potencialmente, entidades territoriales y municipios con régimen de gobierno Indígena Originario Campesino[12]. La UDAM mantiene, desde su Reglamento, la potestad de autorizar los planes de manejo y gestión, puesta en valor, prevención y protección. Sin embargo, al igual que en el caso de los Estudios de Impacto Ambiental, son otras entidades las que demandan y financian estas actividades arqueológicas, manteniendo la UDAM escasa incidencia.

La arqueología de contrato ligada al rubro de la gestión patrimonial viene siendo una práctica común en los últimos años. Aunque el componente de revalorización de las culturas y patrimonio locales está presente como motivación para que las entidades autónomas territoriales soliciten estos servicios arqueológicos, es indudable que la percepción del patrimonio como una fuente alternativa de ingresos a través del

---

12 Aunque se han ensamblado con cierta frecuencia empresas consultoras creadas por arqueólogos que tratan directamente con estas entidades estatales, es frecuente que sea otra empresa que actúa en el rubro de la gestión cultural la que subcontrate los servicios de un arqueólogo.

aprovechamiento turístico es el motor predominante detrás de esta demanda. Aunque este fenómeno es bastante reciente —menos de seis años de vida—, hasta ahora la relación contractual entre las comunidades locales y el arqueólogo no ha llevado a que las narrativas sobre el pasado local construidas por el arqueólogo repercutan en la percepción local del propio pasado.

## Arqueología laboral y arqueología académica

La escasa socialización de los resultados que alcanza la práctica arqueológica laboral en Bolivia no tiene lugar solamente frente al público en general sino frente a la academia arqueológica también. Salvo contadas excepciones, los resultados de los estudios de impacto ambiental o de aquellos destinados a la gestión del patrimonio arqueológico se traducen en informes descriptivos que pasan a engrosar los estantes de las empresas y/o las reparticiones administrativas, tanto del nivel central del estado como de los gobiernos autónomos territoriales. Ciertamente, el Reglamento de Autorizaciones para Actividades Arqueológicas vigente señala que toda actividad arqueológica deberá publicar el resultado de sus trabajos en un plazo máximo de un año (Art. 18, I, 2012). Aunque sumamente positivo, este enunciado es una mera declaración de principios en tanto no prevé el financiamiento del que procederán los costos de edición o impresión del material publicado, ni establece mecanismos para controlar su cumplimiento.

Varios son los factores que inhiben la socialización de la información procedente de la práctica arqueológica laboral hacia las instancias académicas de construcción de narrativas sobre el pasado. Tal vez la primera estriba en las trabas contractuales, muy frecuentes, que colocan las empresas sobre el arqueólogo en términos de la difusión de los datos obtenidos. Esta práctica de secretismo no solamente es nociva para el desarrollo de la ciencia arqueológica, sino que otorga, innecesariamente, un carácter poco transparente a la actividad de contrato. Cabe notar que al no facilitar un acceso inmediato a los arqueólogos y al conjunto de la población (este último aspecto puede estar limitado por un temor justificado hacia el saqueo), la UDAM no colabora a transparentar los pormenores de la práctica arqueológica laboral.

Sin embargo, otro factor muy poderoso que trunca la relación entre las prácticas laboral y académica no tiene que ver con la normativa, sino con la coyuntura de la práctica académica en arqueología. En marcado contraste con la práctica de contrato, no existen instancias estatales, a ningún nivel, que generen financiamiento para la investigación arqueológica en forma de fondos concursables, a excepción de algunos recursos menores canalizados a través de las universidades, siendo la UMSS de Cochabamba y la UMSA de La Paz las únicas beneficiarias en el rubro arqueológico. La actividad investigativa viene de la mano de arqueólogos bolivianos posicionados en instancias académicas extranjeras, o de arqueólogos bolivianos que logran canalizar excepcionalmente fondos de entidades de financiamiento externas, embajadas, ONG y empresas privadas que ven ciertos emprendimientos investigativos como obras de responsabilidad social con fines propagandísticos. Tan aguda es la falta de financiamiento constante hacia la arqueología que, hasta hace algunos años, la gran mayoría de las tesis de grado de los estudiantes de la UMSA, que formaron la base para un interesante avance y diversificación de la academia arqueológica en Bolivia, se generaron con recursos propios o alojados al interior de proyectos científicos extranjeros.

La práctica académica tampoco recibe incentivos no monetarios, al ser la publicación en medios científicos un mérito escasamente puntuado en la mayor parte de las evaluaciones de concurso, especialmente para el acceso a cargos de docencia universitaria. La producción intelectual es puntuada hasta un tope máximo, relativamente fácil de alcanzar, tras lo cual la publicación, en la práctica, no otorga ningún beneficio curricular al arqueólogo. Con todas esas carencias, la investigación y la publicación de alto nivel en arqueología se convierte en una actividad poco redituable en el contexto local.

La situación se agudiza si se toma en cuenta que al existir pocos arqueólogos en Bolivia, la mayoría de ellos realiza a la vez actividad académica y práctica privada de contrato, sumando en varios casos también la docencia universitaria. En la mayor parte de los casos, la actividad académica, que es la menos incentivada y redituable, recibe menos tiempo y atención hasta el punto de convertirse en un extra prescindible, realizado solo por aquellos que lo consideran importante. Es una paradoja notable que los datos de la práctica de contrato no sean usualmente socializados formalmente con la academia, siendo que ambas prácticas, en gran medida, son realizadas por los mismos arqueólogos.

## Conclusiones

Un breve repaso histórico sobre el desarrollo de la normativa boliviana en lo tocante al ámbito arqueológico, permite notar un proceso creciente de institucionalización de las entidades estatales ligadas a la arqueología y la construcción de un marco legal cada vez más abarcador. Especialmente entre 1955 y 1975, el nacionalismo dominante otorga un poder casi omnipresente a la arqueología estatal sobre toda actividad arqueológica, aunándose las acciones fiscalizadoras y de gestión patrimonial o rescate con la actividad investigativa. Sólo la crisis de ese paradigma nacionalista y la debacle económica de los años ochenta debilitarán al estado al punto de convertirlo en un simple fiscalizador desprovisto de los recursos y lineamientos para ejercer tanto una práctica investigativa como una ejecución eficiente de la protección del patrimonio.

En ese contexto, nuevas generaciones de arqueólogos profesionales encontrarán en la coyuntura neoliberal, centrada en la mitigación del daño realizado por emprendimientos privados sobre los recursos ambientales y culturales, la oportunidad de involucrarse en una práctica de arqueología de contrato, que sigue vigente en la actualidad. A su vez, la coyuntura Plurinacional establecida desde el 2009, con el paradigma de la gestión descentralizada del patrimonio, abre un nuevo espacio de práctica de contrato en torno a actividades de puesta en valor y registro cuyo móvil es usualmente el aprovechamiento turístico. Por más que los valores del nuevo estado sean de antiimperialismo, descolonización y *vivir bien*, en sus fundamentos la práctica de una arqueología de contrato para la gestión patrimonial responde a móviles dictados por los brazos económicos e ideológicos de un sistema hegemónico global tanto como la arqueología de impacto, vinculada a proyectos de desarrollo o extractivismo.

Es interesante notar que en este proceso de diversificación de la práctica laboral, los procedimientos, prácticas, marcos legales y entidades estatales de referencia para los arqueólogos bolivianos se mantienen relativamente separados en tres ámbitos: el Ministerio de Culturas retiene mayor control sobre los emprendimientos investigativos, mientras que la práctica de impacto se remite más al ámbito del Ministerio de Medio Ambiente, y la de gestión patrimonial al de las entidades autónomas descentralizadas. Especialmente en el segundo caso pero también en el tercero, las empresas privadas que subcontratan al arqueólogo o las empresas consultoras que integran arqueólogos dentro de sus equipos de trabajo son actores destacados del proceso.

Definitivamente, el nuevo contexto económico en que ciertos recursos son puestos en manos de entidades descentralizadas locales permite una multiplicación de emprendimientos ligados al turismo patrimonial. Esto aunado a los grandes emprendimientos de desarrollo ejecutados por el propio Estado mediante empresas (carreteras, ductos, etc.), en asociación con organismos de financiamiento externo, y a aquellos relacionados a actividades extractivistas, sean públicas o privadas, han suscitado en los últimos años un auge de la arqueología de contrato en Bolivia. Sin embargo, convertido en un instrumento operativo para los intereses y estrategias de las comunidades locales, el Estado y las empresas privadas, el arqueólogo de contrato tiene poca incidencia en la construcción de narrativas sobre el pasado. Por un lado, las comunidades locales, especialmente aquellas con fuerte sustrato indígena, no lo contratan como un constructor de narrativas, sino como un técnico para la identificación de bienes patrimoniales potencialmente turísticos. Por otro lado, trabas contractuales y coyunturales, principalmente el escaso incentivo económico y curricular para la producción intelectual y la publicación, inhiben la transformación de los valiosos datos que se obtienen en actividades de contrato en narrativas arqueológicas académicas o incluso su simple socialización entre la academia.

### Agradecimientos

Deseo agradecer a Sergio Calla Maldonado por los interesantes comentarios y criterios emitidos a lo largo de varias conversaciones sobre el tema. Asimismo, a José Roberto Pellini por la gentil invitación a participar en este volumen y a Walter Fagundes Morales por la colaboración y la paciencia desde la edición del mismo.

### Referencias

ALBARRACÍN, J. 2007. *La Formación del Estado Prehispánico en los Andes: origen y desarrollo de la sociedad segmentaria indígena*. Fundación Bartolomé de Las Casas: La Paz.

ÁNGELO, D. 2005. «La Arqueología en Bolivia. Reflexiones sobre la disciplina a inicios del siglo xxi». *Arqueología Suramericana* 1 (2), 185-211.

CASILDA BÉJAR, R. 2004. «América Latina y el Consenso de Washington». *Boletín Económico del ICE* 2803, 19-38.

CONSTITUCIÓN POLÍTICA DEL ESTADO. 1938. *República de Bolivia.* Presidente Germán Busch. Gaceta Oficial de Bolivia: La Paz.

CONSTITUCIÓN POLÍTICA DEL ESTADO. 1947. *República de Bolivia.* Presidente Enrique Hertzog. Gaceta Oficial de Bolivia: La Paz.

CONSTITUCIÓN POLÍTICA DEL ESTADO. 1967. *República de Bolivia.* Presidente René Barrientos Ortuño. Gaceta Oficial de Bolivia: La Paz.

CONSTITUCIÓN POLÍTICA DEL ESTADO. 2005. *República de Bolivia.* Presidente Carlos D. Mesa. Gaceta Oficial de Bolivia: La Paz.

DECRETO SUPREMO. 1909. *Régimen de excavaciones en Tiahuanaco e Islas del lago Titicaca.* Presidente Eliodoro Villazón. Gaceta Oficial de Bolivia: La Paz. 11/11/1909.

DECRETO SUPREMO. 1936. *Comunidad «Konko». – Queda comprendida en las prohibiciones establecidas por el Decreto Supremo de 11 de noviembre de 1909.* Presidente David Toro. Gaceta Oficial de Bolivia: La Paz. 7/10/1936.

DECRETO SUPREMO Nº 2242. 1950. *Créase la Comisión Nacional de Cultura.* Presidente Mamerto Urriolagoitia. Gaceta Oficial de Bolivia: La Paz.

DECRETO SUPREMO Nº 4986. 1958. *Cesión del Hotel Refugio de Tiwanaku al Comité Consultivo de Arqueología.* Presidente Hernán Siles Suazo. Gaceta Oficial de Bolivia: La Paz.

DECRETO SUPREMO Nº 05918. 1961. *Créase la Dirección Nacional de Cultura.* Presidente Víctor Paz Estenssoro. Gaceta Oficial de Bolivia: La Paz.

DECRETO LEY Nº 07234. 1965. *Declara Propiedad del Estado a los monumentos, yacimientos y objetos arqueológicos.* H. Junta Militar de Gobierno. Gaceta Oficial de Bolivia: La Paz.

DECRETO SUPREMO Nº 12302. 1975. *Créase el Instituto Boliviano de Cultura.* Presidente Hugo Bánzer. Gaceta Oficial de Bolivia: La Paz.

DECRETO SUPREMO Nº 12638. 1975. *Encomiéndase al Centro de Investigaciones Arqueológicas la catalogación de objetos arqueológicos.* Presidente Hugo Bánzer. Gaceta Oficial de Bolivia: La Paz.

DECRETO SUPREMO Nº 23786. 1994. *Se dispone la disolución del Instituto Boliviano de Cultura y el traslado de sus atribuciones a la Secretaría Nacional de Cultura.* Presidente Gonzalo Sánchez de Lozada. Gaceta Oficial de Bolivia: La Paz.

*EL DEBER.* 2008. Reanudarán excavación de pirámide en Tiwanaku. *El Deber,* edición del 1 de marzo de 2008.

GACETA OFICIAL DE BOLIVIA. 1906. Ley 3/10/1906. *Régimen legal de las ruinas de Tiahuanaco, de las existentes en las islas del lago Titicaca y de todas las de la época incásica y anterior.* Presidente Ismael Montes. Gaceta Oficial de Bolivia: La Paz.

KOLATA, A.; PONCE SANGINÉS, C. 2003.      «Two hundred years of archaeological research at Tiwanaku: A selective history». En *Tiwanaku and its Hinterland: Archaeology and paleoecology of an Andean civilization,* vol. 2. (Ed. Alan Kolata), Smithsonian Institution Press: Washington D.C., 18-29.

LÉMUZ, C. 2009. «El Gobierno Municipal de Tiwanaku asume la responsabilidad sobre las investigaciones que se desarrollan en Akapana y Putuni». 26 de julio de 2009. http://arqueobolivia. blogspot.com/2009/06/el-gobierno-municipal-de-tiwanaku-asume. html.

LEY Nº 530. 2014. *Ley Nacional del Patrimonio Cultural Boliviano.* Presidente Evo Morales. Gaceta Oficial de Bolivia: La Paz.

LEY N° 1333. 1992. *Ley del Medio Ambiente*. Presidente Jaime Paz Zamora. Gaceta Oficial de Bolivia: La Paz.

LEY N° 017. 2010. *Ley Transitoria para el Funcionamiento de las Entidades Territoriales Autónomas*. Presidente Evo Morales. Gaceta Oficial de Bolivia: La Paz.

LEY N° 031. 2010. *Ley Marco de Autonomías y Descentralización «Andrés Ibáñez»*. Presidente Evo Morales. Gaceta Oficial de Bolivia: La Paz.

LEY N° 370. 2013. Ley del Patrimonio Cultural del Departamento de Cochabamba. Gobernador Edmundo Novillo. Gobierno Autónomo Departamental de Cochabamba.

MICHEL, M. 2009. «Retrospectiva de la arqueología en Bolivia». Ponencia presentada al panel *La Bolivia del siglo XXI y los desafíos de las Ciencias Sociales*. UMSA: La Paz.

NUEVA CONSTITUCIÓN POLÍTICA DEL ESTADO PLURINACIONAL DE BOLIVIA. 2008. Presidente Evo Morales. Gaceta Oficial de Bolivia: La Paz.

*Panorama de la arqueología boliviana*. 1985. Librería-Editorial Juventud: La Paz.

PONCE SANGINÉS, C. 1956. «Presentación». En *Arqueología Boliviana 1: Primera Mesa Redonda* (Ed. Carlos Ponce Sanginés). Honorable Alcaldía Municipal: La Paz.

REGLAMENTO DE EXCAVACIONES ARQUEOLÓGICAS. 1958. Ministerio de Educación y Bellas Artes. Gaceta Oficial de Bolivia: La Paz.

REGLAMENTO DE PREVENCIÓN Y CONTROL AMBIENTAL. 1992. Ministerio de Medio Ambiente. Gaceta Oficial de Bolivia: La Paz.

REGLAMENTO DE EXCAVACIONES ARQUEOLÓGICAS. 1997. Ministerio de Desarrollo Humano. Gaceta Oficial de Bolivia: La Paz.

REGLAMENTO DE AUTORIZACIONES PARA ACTIVIDADES ARQUEOLÓGICAS. 2012. Ministerio de Culturas. Gaceta Oficial de Bolivia: La Paz.

REGLAMENTO DE EXCAVACIONES ARQUEOLÓGICAS. 1960. «Introducción. Notas de Arqueología Boliviana», I (3), Ministerio de Educación y Bellas Artes: La Paz, 5-6.

# CAPÍTULO 5

# UNA MIRADA CRÍTICA DE LOS PROCESOS DE PATRIMONIALIZACION EN EL CONTEXTO MEGAMINERO

## Tres casos emblemáticos en la Provincia de San Juan, República Argentina

**Ivana Carina Jofré Luna**

*Investigadora Asistente CONICET-Argentina/Universidad Nacional de San Juan/Profesora de Historia con orientación en Arqueología de la Universidad Nacional de La Rioja*
*Observatorio Ciudadano de Derechos Humanos San Juan (ONG)*
*Centro de Estudios e Investigaciones en Antropología y Arqueología (ONG)*

### Arqueología al servicio del neoextractivismo desarrollista

A través de su participación activa en los procesos de patrimonialización de lugares de memoria, la arqueología de contrato (también llamada arqueología comercial en otro países) desarrollada en Argentina forma parte de una compleja red de actores hegemónicos que contribuyen a la institucionalización y naturalización de un modelo global neoextractivista explotador de desarrollo (Jofré, 2013, 2014, 2015, 2016). Nos referimos a un modelo de gobernanza en vertiginosa expansión en los países de Sudamérica y el mundo, promovido por las grandes corporaciones, en una alianza multiescalar con los diferentes gobiernos, y que conlleva la profundización de dinámicas de desposesión: el despojo y la concentración de tierras, recursos y territorios (Harvey, 2004). A propósito de esto, la socióloga argentina Maristella Svampa (2013: 1) define el neoextractivismo de la siguiente manera:

> El neoextractivismo desarrollista instala una dinámica vertical que irrumpe en los territorios, y a su paso va desestructurando economías regionales, destruyendo biodiversidad y profundizando de modo peligroso el proceso de acaparamiento de tierras, expulsando o desplazando comunidades rurales, campesinas o indígenas, y violentando procesos de decisión ciudadana. La megaminería a cielo abierto, la expansión de la frontera petrolera y energética (que incluye también la explotación de gas no convencional o *shale* gas, con la tan cuestionada metodología de la fractura hidráulica o *fracking*), la construcción de grandes represas hidroeléctricas, la expansión de la frontera pesquera y forestal, en fin, la generalización del modelo agronegocios (soja y biocombustibles), constituyen sus figuras emblemáticas.

La denominada megaminería o minería a gran escala es un modelo de modernización, una trayectoria normativa de desarrollo del capitalismo flexible apoyado en las industrias extractivas de minerales alojados en los reservorios naturales de las regiones periféricas a las metrópolis del capitalismo. A diferencia de la minería tradicional y/o artesanal, llamada pequeña o mediana minería, la megaminería, o minería a gran escala, consiste en titánicos proyectos destinados a la extracción en grandes cantidades de minerales para la producción de *comodities* (productos primarios) tales como oro, cobre y plata, especialmente, entre otros metales de uso industrial y tecnológico[1]. Estas nuevas economías extractivas —

---

1 En la actualidad, en lugares como Argentina, por su historia de explotación, los metales son escasos, y los reservorios existentes mayormente contienen metales dispersos en la roca (grandes cerros y montañas) en forma de pequeñas partículas que deben ser separadas del mineral que lo contiene (se los llama minerales de baja ley). Para separar el oro de la roca o mineral se dinamitan montañas enteras reduciéndolas a pequeñas rocas que luego serán volcadas en una sopa química para lixiviar

altamente especulativas— son la expresión de un «capitalismo de rapiña» (Harvey, 2004) producido por la interconexión de un gran complejo de instituciones[2] dedicadas a la apropiación y explotación de recursos altamente rentables en el sector financiero mundial y poco generadoras de actividades productivas[3].

Aquellas tecnologías utilizadas en este nuevo tipo de minería son de alto impacto ambiental porque:

- producen una fuerte depredación de los paisajes explotados;
- producen cuantiosos pasivos ambientales que contienen sustancias químicas altamente tóxicas y persistentes en el entorno natural (cianuro, ácido sulfúrico, mercurio, entre otros) y gravemente dañinas para la salud humana, animal y vegetal;

---

(separar) el metal de la roca. Este proceso químico se denomina «lixiviación cianurada» y caracteriza a este tipo de minería moderna.

2 Esta red de instituciones que promueven la actividad minera en el mundo hoy se nuclea en El *International Council on Mining and Metals* (ICMM), el «Consejo Internacional para la Minería y Metales», fundado en 2001 para mejorar el rendimiento de un desarrollo sostenible en la industria de minería y metales, actualmente está conformado por más de 30 compañías internacionales dedicadas a los metales y minerales, y tiene como socios financieros al Banco Mundial, al Banco de Desarrollo Interamericano, y a los estados de Inglaterra, Canadá y Australia, principalmente. Colaboran activamente con el ICMM el Programa de Mediambiente para Naciones Unidas (PNUMA), la CEPAL, redes de ONG y universidades, entre otros. En Argentina, la OFEMI, Organización Federal de Estados Mineros, creada en 2012, representa a nivel local la alianza estado-empresariado minero.

3 Tal como señala Catalina Toro (2015), el auge minero-energético de la economía especulativa actual puede explicarse también a partir de algunos fenómenos puntuales a nivel mundial. Por un lado, la demanda creciente de industrialización de las economías asiáticas, como la china; y por el otro, la fragilidad reciente de la economía europea y estadounidense. Como lo explican algunos especialistas, en medio de la crisis económica global, el oro puntualmente aparece incluido como el valor que ofrece los mayores retornos, así como aquel de menor volatilidad. Para aumentar este rol en el mercado especulativo se hace necesario ampliar las actividades extractivas, pero no mediante el uso de las tecnologías del siglo XIX y XX sino a través de grandes extensiones de explotación a cielo abierto. Ello genera además retornos adicionales asociados a grandes volúmenes de diversos minerales extraídos que respaldan las operaciones especulativas y da seguridad a las operaciones a futuros de las bolsas, pues incide en el valor de mercado de las compañías y los fondos de inversión involucrados (Suárez, 2012; citado en Toro, 2015).

· porque requieren de enormes cantidades de agua (380 litros de agua por segundo/34 millones de litros por día) para disolver o separar (lixiviar en diques de cianuro a cielo abierto) los metales contenidos en la roca;

· y además porque necesitan altísimos niveles de energía eléctrica para poner en funcionamiento sus faraónicas obras de infraestructura.

En países de Sudamérica (Argentina, Chile, Perú, Brasil, Ecuador), el Caribe y África estos emprendimientos de la minería moderna generaron impactos irreversibles en el tejido social local, exacerbado dramas ambientales, sociales y culturales tales como la desertificación, agotamiento y contaminación de acuíferos y reservas, y cuencas abastecedoras de agua (por la contaminación inevitable y de largo plazo por acidificación de aguas y liberación de materiales tóxicos como sulfatos, zinc, cadmio, níquel, cobalto), enfermedades cancerígenas en humanos y accidentes laborales mortales, violencia armada, criminalización de la protesta social, trata de personas (por motivos sexuales y laborales), y clientelismo político, entre otros. Por eso, este tipo de explotación minera de alto impacto y con uso de sustancias tóxicas ha sido prohibida en varios lugares del mundo, tal es el caso de: Republica Checa (2000), Nueva Gales del Sur en Australia (2000), Republica de Alemania (2002), algunos Condados del Estado de Colorado en Estados Unidos, el Estado de Montana en el mismo país (1998) y Costa Rica (2002). También fue prohibida y restringida en 7 provincias argentinas, producto de la lucha emprendida por los movimientos sociales.

## Patrimonialización y megaminería en San Juan

Ubicada en el centro-oeste argentino, en la región cordillerana de Cuyo, la provincia de San Juan es conocida actualmente como la «capital de la megaminería» moderna en Argentina. Desde el año 2003 hasta la actualidad, esta provincia reorientó drásticamente su Plan de Gobierno hacia un acelerado proceso de modernización, vía la transformación de la economía hacia el mencionado modelo neoextractivista exportador[4] (Jofré, 2015, 2016). Fue así que bajo el Gobierno de José Luis Gioja, los pilares básicos de la estrategia de crecimiento de la provincia se basaron en cuatro grandes orientaciones económicas: la minería, el complejo agroindustrial, el turismo y la salida al Pacífico a partir de la integración con Chile. En este modelo de gobierno, el turismo y sus producciones culturales, sociales y servicios asociados se vinculan directamente, y sin eufemismos, con los otros pilares económicos del declarado plan de gobierno de las últimas décadas en San Juan.

Desde el Estado, en el ejercicio de este gobierno minero, se despliegan distintas «formas de violencia» que vulneran los derechos humanos universales y las garantías ciudadanas reconocidas por la constitución argentina. Entre estas prácticas de violencia ejercidas desde el Estado se destacan: la criminalización de la protesta social, el procesamiento judicial de vecinos autoconvocados, la persecución política e ideológica de sectores vinculados a estas protestas, el encubrimiento de delitos ambientales cometidos por las corporaciones mineras, y el sistemático desconocimiento de la autodeterminación de los pueblos reconocida por la propia constitución nacional argentina (Jofré, Forte y Carrizo Muñoz, 2016).

El modelo megaminero, impulsado a nivel nacional por actores políticos locales, tales como el mismo José Luis Gioja, y continuado por el actual gobernador Sergio Uñac, se caracteriza por ofrecer un irrestricto apoyo y favor político-económico al sector empresarial minero, buscando sobre todo «la inversión de capitales extranjeros», al mismo tiempo que

---

4 Este modelo de gobierno fundado en el neoextractivismo-exportador desarrollista comenzó a ensayarse en la década del 2000, y encuentra sus antecedentes en la década previa, en los años noventa, cuando se sentaron las condiciones jurídicas que beneficiarían la concesión de los recursos naturales en manos del sector privado (entre ellas la firma del Tratado Argentino-Chileno y la reforma del Código Minero argentino).

promueve y perfecciona mecanismos de disciplinamiento y control social, pensados como parte de un supuesto «cambio cultural», utilizando las herramientas del Estado para «instalar el modelo megaminero» como el único modelo deseable y posible de desarrollo provincial (Jofré, 2015, 2016; Jofré, Forte y Carrizo Muñoz, 2016).

### La patrimonialización como dispositivo de intervención cultural en el contexto megaminero

Aquel mencionado «cambio cultural promovido por el discurso minero» en la provincia de San Juan, y reproducido también en otras provincias argentinas y otros países de la región, no es un programa pensado locamente. Es un plan bien trazado desde muy arriba, específicamente se trata de un discurso guionado procedente de las propias corporaciones mineras que integran el *Council on Mining and Metals (ICMM)* y sus benefactores financieros. Sus orígenes se encuentran ya en el Proyecto Minería, Minerales y Desarrollo Sustentable (MMDS, 2002), realizado por el Instituto Internacional para el Ambiente y el Desarrollo y promovido por el ICMM, en el cual, inclusive, se reconoce a la megaminería como una actividad perjudicial para el medio ambiente y se proponen cambios discursivos para referirse a estas desventajas como «desafíos» de la actividad (Antonelli, 2009).

El concepto propagandístico empresarial minero difundido como Responsabilidad Social Empresarial (RSE) forma parte del declarado «cambio cultural» propuesto por las empresas «para responder proactivamente a la más que negativa reputación de la industria en el mundo y a la creciente conflictividad y resistencia a esta explotación» (Antonelli 2009: 77).

Para implementar estos nuevos diseños político-sociales estratégicos, la corporación minera internacional recurrió a un conjunto de Organizaciones no Gubernamentales y universidades y agencias de Estado para fortalecer el modelo democrático requerido para la sustentabilidad de la minería (Antonelli, 2009; Jofré, 2015, 2016). Así las cosas, esta nueva política empresarial global de gobernanza se propone arremeter culturalmente reconfigurando también el rol de los conocimientos disciplinares de las ciencias humanas y sociales, y ofreciendo a los profesionales de la antropología, arqueología, sociología y ciencias políticas (entre otras) nuevos *locus* en donde ofrecer su asistencia científica (Jofré, 2016).

En el marco de este programa planificado de intervención cultural planificado, desde aproximadamente el 2008, el ICMM trabaja en ampliar las fronteras para expandir los procesos extractivos hacia zonas no permitidas o protegidas, tales como: reservas naturales, áreas protegidas, reservas de biosferas, patrimonios de la humanidad, territorios de comunidades indígenas (Antonelli, 2009). Durante los últimos años trabajaron intensamente para redefinir, ya no solo las fronteras mineras, sino el estatuto de las «comunidades originarias», «pueblos indígenas», y zonificación de las áreas naturales protegidas, reservas de biosferas. etc. Prueba de esto son además los documentos disponibles en la página web del ICMM, entre ellos: la *Guía de Buenas Practicas: Los Pueblos Indígenas y Minería* publicado en septiembre de 2013,  un Informe sobre *Sitios del patrimonio mundial y las industrias extractivas* de Junio del año 2012 y el más reciente informe denominado *Indigenous Peoples and Mining Good Practice Guide* (Ver: http://www.icmm.com/).

Dichos documentos sirven para contextualizar políticamente el rol de disciplinas como la arqueología y la antropología en estos procesos de despojo pergeñadas desde las corporaciones internacionales. Para el caso de la arqueología, el pacto cerrado entre el *Word Archaeological Congress* (WAC) y la empresa transnacional megaminera Rio Tinto Ltd. inaugura, sin dudas, una etapa de sinceramiento corporativo de la arqueología mundial, ahora encargada de facilitar las relaciones entre estas grandes empresas y los grupos e intereses locales (Sheperd, 2015).

En razón de esto, hoy resulta prioritario desde la agenda de las resistencias sociales desmantelar los dispositivos de producción de prácticas y discursos que vinculan al modelo neoextractivista exportador desarrollista con los procesos de patrimonialización que se están desplegando en nuestros territorios, como nuevos mecanismos de institucionalización y legitimación social y cultural del despojo y saqueo. Particularmente me refiero a estos procesos de patrimonialización como aquel conjunto de prácticas, discursos y mecanismos institucionalizados a través de los cuales se llevan a cabo actos de memoria, en los cuales se implican fuerzas de luchas políticas, orientados a la institución de un sentido de «lo real» en la sociedad envolvente (Jofré, 2013, 2015, 2016). Dicho de otra forma, los procesos de patrimonialización representan, dentro de la esfera cultural, el ejercicio hegemónico de las fuerzas controladas principalmente desde el aparato estatal para diseñar e imponer determinados sentidos de la realidad facilitando, recreando, produciendo y reproduciendo, prácticas y discursos eficaces en la penetración de subjetividades ciudadanas. Por eso, el patrimonio cultural ha sido y es un dispositivo muy eficaz para construir, sustentar, reproducir o transformar las lógicas geopolíticas, puesto que es un objeto central de acuerdos o disputas por la soberanía de los Estados a nivel internacional e intraestatal (Piazzini, 2008).

## *IIRSA*: su vinculación con los patrimonios y la megaminería

Un aliado estratégico de esta política económica del capitalismo de rapiña que caracteriza a la megaminería se constituyó en Sudamérica a partir del año 2000 en un entramado de poderes locales aliados con prestamistas de las bancas internacionales y que conforman la Iniciativa para la Integración de la Infraestructura Regional Suramericana, conocida por sus siglas en español como IIRSA.

En un escenario de crisis capitalista, que en América Latina se presenta como ofensiva extractivista, es decir profundización de la acumulación por desposesión, IIRSA se vino a acoplar a los proyectos de integración regional, por medio de la creación del Consejo Suramericano de Infraestructura y Planeamiento (COSIPLAN) (Navarro, 2015: 1). En el marco conceptual de la IIRSA, los bosques, los ríos y los humedales e incluso las montañas se ven como barreras al desarrollo económico y las vías de comunicación se vuelven medios para extraer los recursos naturales (Observatorio Ambiental IIRSA)[5]. Algo novedoso de esta iniciativa de integración regional sudamericana hecha a medida de los mercados es que se presenta como una estrategia sudamericana en el marco de políticas propuestas por gobiernos progresistas en la última década (Zibechi, 2016), pero los hechos muestran que:

> La IIRSA aparece estrechamente vinculada al ALCA (Área de Libre Comercio de las Américas), al punto que los investigadores Marcel Achkar y Ana Domínguez afirman que «el ALCA determina lo jurídico administrativo» mientras que la IIRSA provee la infraestructura necesaria para concretar ese proyecto de liberalización comercial impulsado por Estados Unidos. Al mismo tiempo, ambos aparecen ligados a un proyecto más vasto del que forma parte también el Plan Puebla-Panamá. Sin embargo, como sostiene el periodista e investigador Raúl Zibechi, la IIRSA tiene la particularidad de ser «un tipo de integración nacida en el Sur, gestionada en gran medida por las elites del Sur, pero que beneficia a los sectores mejor insertos en el mercado internacional». El énfasis en las obras de infraestructura aparece vinculado a la necesidad de los mercados mundiales de conseguir un flujo sostenido y en aumento constante de las exportaciones de materias primas y recursos naturales (INESC. Org, 2008)[6].

---

5 *http://proteger.org.ar/iirsa/* Sitio visitado por última vez el 30 de junio de 2016.

6 IIRSA: ¿La infraestructura del ALCA?, 2008. *http://www.inesc.org.br/noticias-es/2008/marzo/ iirsa-bfla-infraestructura-del-alca* Sitio visitado por última vez el 30 de junio de 2016. Para más información crítica sobre IIRS ver Entrevista a Raúl Zibechi (2015; Quito) Disponible *on line* en:

IIRSA está coordinada por los 12 gobiernos sudamericanos, con el apoyo técnico y financiero del Banco Interamericano de Desarrollo (BID), la Corporación Andina de Fomento (CAF) y el Fondo Financiero para el Desarrollo de la Cuenca del Plata (FONPLATA), entre otros bancos de desarrollo y consiste en:

- 10 ejes de integración económica que cruzan el continente y que requieren inversiones significantes en transporte, energía, y telecomunicaciones;

- y 7 procesos sectoriales de integración diseñados para armonizar los marcos regulatorios entre los países.

Este megaproyecto de integración puede ser definido como el más ambicioso proyecto de ordenamiento territorial en el continente (Observatorio Ambiental IIRSA). En este sentido, IIRSA ordena y reorienta los objetivos de muchos (por no decir de todos) los proyectos de patrimonialización cultural y natural promovidos desde los gobiernos nacionales y el consenso internacional desde y para Suramérica. Como veremos a continuación los patrimonios naturales y culturales de territorios internos como la provincia de San Juan en la Región Cuyo de Argentina son reorientados por esta lógica de integración regional que, en realidad, es un plan de interconexión orientada a profundizar el extractivismo exportador y que, por lo tanto, atenta contra una verdadera integración sudamericana (Zibechi, 2006). Por eso, estos procesos de patrimonialización deben ser vistos o leídos en clave hegemónica, como funcionando dentro de estos ambiciosos planes de ejecución de proyectos físicos y cambios en las legislaciones, normas y reglamentos nacionales para facilitar el comercio regional y global representados claramente en la IIRSA-COSIPLAN.

---

*http://coalicionregional.net/sobre-los-15-anos-de-iirsa-entrevista-a-raul-zibechi/* Sitio visitado por última vez el 30 de junio de 2016.

## Tres casos emblemáticos

Sin dudas, hay tres casos principales ocurridos en los últimos diez años que demuestran acabadamente el rumbo de la patrimonialización cultural en dicha provincia. Los tres casos son claros ejemplos de cómo operan estos procesos de patrimonialización, y las instituciones y otros actores involucrados en ellos, para la «facilitación» de la expansión de la frontera extractivista hacia zonas antes consideradas «protegidas o resguardadas» por los propios Estados y organizaciones internacionales de incumbencia, tales como UNESCO.

*Caso de la rezonificación de la* Reserva de Biosfera de San Juan Guillermo

 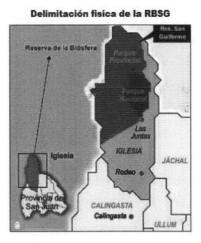

Figura 1. Localización geográfica de la RBSG dentro de la provincia de San Juan, y delimitaciones internas entre el Parque Nacional y el Parque Provincial que integran la reserva.

El primer caso a tratar es la concesión del Estado provincial en favor de la actividad megaminera en zonas comprendidas como parte de la Reserva de Biosfera San Guillermo (RBSG, declarada Patrimonio de la Humanidad por UNESCO en 1981, cuando se incorporó a la Red internacional de Reservas de Biosferas del programa UNSECO-MAB)[7]. Integrada por la Reserva Provincial, y el Parque Nacional del mismo nombre, la RBSG abarca un total de 981 460 hectáreas, en la región más austral de la Puna Sudamericana, Departamento Iglesia, Provincia de San Juan. Para realizar esta concesión se zonificó el área, redefiniendo lo que se denominó como *zona de transición o de usos múltiples* en una parte limitante de la reserva. En esta zona de transición o usos múltiples, el gobierno de San Juan y la Secretaría de Turismo, Cultura y Medioambiente de la Nación aseguraba que la «megaminería es compatible» con la política de conservación de la reserva más grande de camélidos (guanacos y vicuñas) de Sudamérica que, además, integra importantes paisajes faunísticos, vegetales y arqueológicos. De esta forma se compatibilizaba la presencia de dos grandes proyectos megamineros de oro y plata, Mina Veladero y Pascua-Lama, ambos operados por la canadiense transnacional Barrick Gold.

El discurso instrumentado en esta propuesta desde el sector estatal proponía «encuadrar la actividad minera y otras actividades bajo el enfoque de Reserva de Biosfera». Dicho enfoque, según estos, «insta a resolver conflictos entre los diferentes sectores, armonizando la conservación de la diversidad biológica, la búsqueda del desarrollo económico y social con el mantenimiento de valores culturales asociados». En este orden de ideas se argumentaba que: «Las Reservas de Biosfera han sido establecidas para promover y demostrar una relación equilibrada entre los seres humanos y la biosfera» (presentación oficial de la Secretaría de Turismo, Cultura y Medio Ambiente)[8]. De este modo, la propuesta cerraba un discurso minero

---

7 *http://www.unesco.org/new/en/natural-sciences/environment/ecological-sciences/biosphere-reserves/* *latin-america-and-the-caribbean/argentina/san-guillermo/* (Sitio visitado por última vez el 28 de marzo de 2016).

8 Power Point de la Presentación oficial de la Secretaría de Turismo, Cultura y Medio Ambiente.

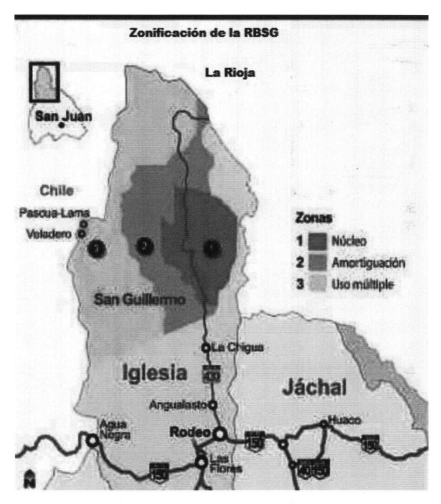

Figura 2. Zonificación de la RBSG y la localización de los proyectos megamineros en el área de usos múltiples dentro de la zona de la reserva correspondiente al Parque Provincial.

proactivo que intentaba equiparar a la actividad de la megaminería con otras actividades como pueden ser proyectos científicos de investigación o proyectos sociocomunitarios.

Como organizaciones facilitadoras de la licencia social necesaria para este proyecto de concesión de la Reserva de Biosfera también intervinieron profesionales (de las ciencias sociales, políticas y humanas) de la Fundación Cambio Democrático (2009-2011) y la Universidad Católica de Cuyo (Plan de Manejo de la RBSG, 2012) y, por supuesto, de la Secretaría de Turismo, Cultura y Medio Ambiente de la Nación, entre cuyos principales asesores estaba el antropólogo Mario Rabey, quien además dirigía desde el 2007 un proyecto destinado a la constitución de un Fondo de Compensación Ambiental (Instituto de Políticas Publicas 2007)[9].

A propósito de esta concesión minera en la RBSG es muy importante y reveladora la posición adoptada en el Plan de Manejo de la Reserva del año 2008, allí se alerta de la posibilidad de que se lleven adelante exploraciones mineras en el área a partir de un acuerdo previo existente entre gobierno nacional y gobierno provincial a tal efecto. Dice el informe: «En este contexto, resultan particularmente preocupantes los siguientes aspectos ambientales, sociales e institucionales relacionados a la explotación minera en la RBSG, (considerando además que esta no es una actividad que se encuadre dentro del marco de sustentabilidad)» (Plan de Manejo RBSG 2008-2013: 47). Se destacan los tipos de impactos ambientales que

---

http://www.ambiente.gov.ar/archivos/web/UCPMAB/file/RB%20SAN%20GUILLERMO%20ARG.pdf (Visitado por última vez el 20 de marzo de 2016).

9 En el año 2009 algunos ciudadanos sanjuaninos autoconvocados realizaron una denuncia ante el por aquel entonces secretario de Medio Ambiente y Desarrollo Sustentable de la Nación Dr. Homero Bibiloni, denunciando a Mario Rabey (fallecido en 2014) por corrupción y tráfico de influencias (ver http://sanjuancontaminada.blogspot.com.ar/2009/09/denuncian-mario-alberto-rabey.html. Sitio visitado por última vez el 20 de marzo de 2016). Hasta el día de hoy se desconoce el resultado del trabajo realizado por este profesional a cargo de la constitución de este Fondo de Compensación Ambiental. Mario Rabey también estuvo envuelto en sospechas de malversación de fondos económicos de la Quebrada de Humahuaca declarada Patrimonio de la Humanidad de UNESCO, y de la Universidad Nacional de Jujuy cuando cumplía funciones de decano (Saguier, 2004).

la actividad minera puede ocasionar en la RBSG, y también los impactos sociales[10].

Estos planteos discrepan abismalmente con aquellos que se presentaron en el Plan de Manejo de la RBSG realizado por el Instituto de Desarrollo Sostenible de la Universidad Nacional de Cuyo en el 2012 y presentado oficialmente en el año 2013 por autoridades del Gobierno, tanto provinciales como nacionales, incluyendo la Administración de Parques Nacionales. Donde se reconocen los beneficios de la minería en el «desarrollo sustentable» de la zona, basta con visitar la página web

---

10 «Si bien las empresas mineras, tienen un plan de trabajo para con las comunidades y de mitigación del impacto social y ambiental que provocan, lo realizan desde una óptica propia de una actividad con fines de lucro. Es de destacar, que varios de los proyectos impulsados por la empresa minera Barrick, han sido subvencionados con dinero proveniente de las regalías correspondientes al emprendimiento de la misma. Esta situación no había sido debidamente explicitada al momento de realizar las inversiones. Aún en la actualidad no está claramente establecido el mecanismo de distribución de las ganancias. Esta situación de falta de claridad en el manejo de fondos, cobra relevancia en relación a la inminente creación de un fondo de U\$ 60 000 000 destinados a proyectos de desarrollo de las comunidades locales (se refiere al Fondo de Compensación ambiental gestionado a partir de proyectos dirigidos por el antropólogo Mario Rabey). En la provincia de San Juan, las comunidades se han desarrollado de manera desigual; los agentes provinciales de promoción de actividades productivas han sido destinados principalmente a los valles irrigados de Tulum, de Ullum y de la Zonda. Por lo que en el departamento de Iglesia no se han generado las condiciones de asistencia técnica adecuadas a la realidad actual. Una de las consecuencias importantes es la acentuada presencia de personal de las empresas mineras y la escasa intervención del estado Provincial y Nacional en relación a las comunidades del lugar. Esto ha creado un escenario sociopolítico en el cual las empresas mineras son las que intervienen más activamente en la formulación de propuestas de desarrollo local. En el caso de las comunidades lindantes a la RBSG resulta particularmente preocupante la forma en que se han promovido proyectos de desarrollo por parte de la empresa Barrick Gold. Los procesos de intervención en las comunidades se han caracterizado por responder a un esquema o modalidad de participación pasiva, donde los pobladores han sido informados (o en el mejor de los casos fueron consultados pero sin encuadrarlo en un proceso de trabajo de base) acerca de lo que va a ocurrir, pero con poca a nula injerencia en la toma de decisiones. En muchos casos los proyectos promocionados por la empresa ocasionaron perjuicios a los proyectos de desarrollo sustentable que se estaban trabajando en el marco de los proyectos DAS de la APN. (Esto es ampliado en detalle en «Desarrollo de actividades sustentables en el área aledaña a la RBSG: Antecedentes», más precisamente en «Obstáculos del subcomponente DAS»). Una de las implicancias más importantes puesta de manifiesto a raíz de la instalación de los emprendimientos mineros más grandes de la zona está representada por los perjuicios que eventualmente pueda ocasionar la explotación de minerales sobre una o más actividades agropecuarias que se practican con alta dependencia del aporte de agua de riego que brinda la cuenca de donde se abastece en forma simultánea una explotación minera (Plan de Manejo RBSG 2008-2013: 49-50).

oficial de la Reserva San Guillermo[11] donde se informa de que la actividad minera es la única actividad industrial con reglamentación propia, por lo que los proyectos mineros ubicados en la reserva respetan esta legislación relativa a la «protección ambiental».

Pero pese a los esfuerzos del gobierno de San Juan por defender la actividad minera en la Reserva de Biosfera de San Guillermo, los hechos acontecidos en los últimos años demostraron la fatalidad de esta decisión política. La propia Ley Nacional de Protección de Glaciares fue impulsada en Argentina principalmente a partir de la instalación de estos proyectos mineros de la empresa Barrick Gold en la Reserva de Biosfera de San Guillermo, justamente en zonas donde existen ambientes glaciares y periglaciares que son los productores del recurso hídrico de los ríos de agua dulce que abastecen a toda la población de la región. En razón de este conflicto, la mencionada empresa obtuvo en la provincia de San Juan una medida judicial cautelar que le permitió seguir operando desobedeciendo a la Ley de Protección de Glaciares (Ley N° 26.639). Finalmente, también en el año 2013 la Justicia chilena dio lugar a una demanda interpuesta por las Comunidades indígenas diaguitas del Huasco ante la Corte Interamericana de Derechos Humanos, por la cual el Proyecto Pascua-Lama —instalado en la cordillera binacional— fue paralizado por delitos ambientales de contaminación de aguas en la alta cordillera. Mientras que en el año 2015, Mina Veladero provocó el derrame de 5 millones de solución cianurada en el río Potrerillos, también dentro de la Reserva de Biosfera, por estos hechos se abrieron causas penales que investiga la justicia argentina, tanto en el fuero provincial como en el fuero nacional (Jofré, Forte y Carrizo Muñoz, 2016). No obstante todo esto, el proyecto megaminero en Mina Veladero sigue operando, sin seguro ambiental según lo estipula la Ley General de Ambiente (Ley N° 25.675) y evadiendo la Ley de Protección de Glaciares, mientras que la Reserva de Biosfera San Guillermo sigue formando parte del Programa MAB de UNESCO.

---

11 *www.reservasanguillerm.com* (Sitios visitado por última vez el 20 de marzo de 2016).

También numerosos sitios de memoria indígena fueron afectados con impactos negativos irreversibles en ambos proyectos megamineros, su afectación se suma a las numerosas irregularidades desde la aprobación de estos proyectos que ponen en altísimo riesgo la vida en esta región.

*El caso del* Qhapaq Ñam-Sistema Vial Andino

El segundo caso sintomático de estos procesos de patrimonialización afecta directamente a lugares de la memoria indígena de la comunidades locales, se trata de *la integración de San Juan en el «Qhapaq Ñam-Sistema Vial Andino», programa internacional financiado por Banco de Interamericano de Desarrollo (BID) y Organización de las Naciones Unidas para la Educación, la Ciencia y la Cultura (UNESCO).* Este ambicioso proyecto dio comienzo en el año 2001, y a la fecha lleva más de diez años de debates y trabajo entre los seis países integrantes (Perú, Argentina, Chile, Bolivia, Ecuador y Colombia) y el Centro de Patrimonio Mundial; el objetivo principal propuesto fue presentar en un expediente único el pedido de nominación del *Qhapaq Ñan*/Sistema Vial Andino como Patrimonio de la Humanidad y lograr su inscripción en la Categoría de Itinerario Cultural de naturaleza seriada y transnacional (Rolandi y Raffaele, 2013).

La declaración de Patrimonio de la Humanidad comprende un segmento representativo de la red de caminos y sitios asociados que formaban el *Qhapac Ñam* o camino del Inka consolidado entre la segunda mitad del siglo XV y el siglo XVI bajo el ejido del imperio del Tawantisuyu, extendido por casi toda zona andina. Solamente en Argentina esta red vial incaica abarca más de 3000 km de caminos y atraviesa las provincias de Jujuy, Salta, Tucumán, Catamarca, La Rioja, San Juan y Mendoza. El proyecto establece un protocolo base para la identificación de los atributos físicos e intangibles y de la selección de segmentos de caminos y sitios arqueológicos asociados, en el marco de lo que se plantea como un «trabajo participativo con las comunidades locales» para su gestión y conservación, trabajo que a la fecha no ha terminado (Rolandi y Raffaele, 2013). Sin embargo, en el caso de Argentina, ese aspecto relacionado a la participación comunitaria es el más rezagado del proyecto.

En nuestro país, el proyecto se desarrolló a través del Comité Técnico Nacional Argentino del Programa *Qhapaq Ñan*/Camino Principal Andino (Res. SCN N° 2327/07), en donde se reunieron especialistas de múltiples organismos nacionales (Rolandi y Raffaele, 2013). Desde el año 2009, la coordinación y ejecución técnica del Programa estuvo a cargo del Instituto Nacional de Antropología y Pensamiento Latinoamericano (INAPL, organismo de aplicación de la Ley de Patrimonio nacional 25.743). A su vez, cada provincia posee un Comité Provincial de Gestión, con especialistas arqueólogos/as, entre otros, quienes llevan adelante la puesta en marcha en el lugar del plan de gestión y conservación del *Qhapaq Ñan-Sistema Vial Andino*.

Para el caso de San Juan, este Comité Provincial de Gestión está coordinado por la Dirección de Patrimonio Cultural, dependiente de la Subsecretaría de Cultura y del Ministerio de Cultura y Turismo de la provincia. Este organismo de administración del Estado, también es fuertemente orientado por «la realidad megaminera» provincial[12]. En razón de ello, y en un contexto sociopolítico favorable al modelo de desarrollo neoextractivista megaminero y al turismo, la adecuación local al programa *Qapac Ñam* muestra ciertas particularidades que, además, explican su escasa proyección en la «participación comunitaria local».

Desde el año 2006 se advierte una estrategia de incorporación de tramos de camino incaico vinculados a la Reserva de Biosfera de San Guillermo a

---

12 Su política patrimonial además es aquella asumida en la legislación de patrimonio provincial Ley N° 6.801, la misma que «niega por omisión» la contemporaneidad de los Pueblos y Comunidades Originarios en el territorio provincial y se erige sobre un discurso del patrimonio como recurso del Estado y herramienta para el desarrollo científico y cultural tendiente a la modernización de la provincia (ver Jofré *et al.*, 2008; Jofré, Biasatti y González, 2010).

partir de lo cual, el trabajo de selección y propuesta de los tramos a integrar al programa *Qapac Ñam* fueron siempre acompañados por el Gobierno de San Juan y el sector empresarial minero, específicamente por la empresa de origen canadiense Barrick Gold. En el 2006, Catalina Teresa Micheli (directora del Instituto de Investigaciones y Museo Mariano Gambier, dependiente de la Universidad Nacional de San Juan), la arqueóloga comisionada por San Juan[13] para llevar adelante la parte estrictamente arqueológica del proyecto propuso un sitio ubicado en la Quebrada de Vallejos dentro del área del proyecto Mina Veladero. Por la misma época intervino en la creación y gestión del Centro de Interpretación de Conconta, ubicado en la localidad de Tudcum, Departamento Iglesia, en el el *By-paas* construido por la Empresa Barrick Gold en la ruta de acceso a la Mina Veladero.

Era clara la intención de integrar a la empresa transnacional minera como socia en la gestión y administración local del Programa *Qhapac Ñam*. Así lo mostró la proyección de vídeos institucionales de la UNESCO sobre el Camino del Inca, que se proyectaban en el mencionado Centro de Interpretación de Conconta administrado por la empresa minera. Desestimado principalmente por su dudosa filiación incaica, el sitio de la Cuesta de Vallejos, en la Quebrada de Conconta, postulado para ingresar al programa internacional *Qhapac Ñam* fue reemplazado posteriormente por otras dos postulaciones de sitios arqueológicos que aparentemente cumplirían con los requisitos establecidos por el programa. La publicación por parte de la empresa minera del libro *Qhapac Ñam* del explorador Antonio Beorchia Nigris en 2014[14] fue otro evento fuertemente orientado a promover la patrimonialización arqueológica en el nuevo orden megaminero de gobernanza empresarial.

---

13 En el 2009 se integró al proyecto en San Juan el arqueólogo catamarqueño Sergio Caletti, profesional de la cartera de contactos de las empresas mineras de la región, al igual que Teresa C. Michelli.

14 *http://www.tiempodesanjuan.com/sanjuan/2014/10/8/presentaran-ultimo-libro-antonio-beorchia-nigris-sobre-camino-inca-67102.html* (Sitio visitado por última vez el 30 de junio de 2016).

Finalmente, «Llanos de los leones» ubicado dentro de la Reserva de Biosfera San Guillermo, y «Punta del Barro» a pocos kilómetros de las localidades de Angualasto, Colanguil, Maliman y Rodeo, fueron los sitios elegidos para la postulación ante UNESCO. Estos poblados, integrados también por comunidades y familias que se que se autoperciben como indígenas o descendientes de indígenas, fueron afectados directamente por el derrame de solución cianurada proveniente de Mina Veladero en septiembre de 2015 (Jofré, Forte y Carrizo Muñoz, 2016). Estas comunidades han sido zonas marginales a la economía local y regional, y han sido duramente golpeadas por numerosas iniciativas de proyectos locales turísticos, productivos y sociales fallidos carentes de un trabajo territorial de base fuerte, su desconfianza hacia las prácticas de la arqueología se explica por estas frustrantes experiencias (Jofré *et al.* 2008)

Para subsanar la escasa participación comunitaria local que convocan las figuras del Comité de Gestión Provincial del programa *Qhapac Ñam* en San Juan, el INAPL en colaboración con el Programa de Planificación Participativa y Gestión Asociada de FLACSO asumieron un rol protagónico en la implementación de un Ciclo de Información, Consulta y Consenso con comunidades locales buscando, también, implementar un programa común de trabajo en todas las provincias (Rolandi y Raffaele, 2013). Los objetivos propuestos en ese trabajo fueron: hacer efectivas las dimensiones de desarrollo local y comunitario incluidas en el programa; garantizar la plena participación de la comunidad local en la toma de decisiones estratégicas para la puesta en valor y conservación de los sitios; lograr la gestión asociada de la implementación de la puesta en valor patrimonial del *Qhapaq Ñan-Sistema Vial Andino* (ibídem). No obstante estos objetivos establecidos por el programa, la participación comunitaria construida en escasos talleres y reuniones efectuados en el norte de San Juan no se ajustaron a la demanda de una Consulta, Libre e Informada establecida en el Convenio 169 de la OIT, y respondieron a un modelo patrimonial univoco, plantado sobre el paradigma de la «negación del otro», empleando como referentes a los sujetos y comunidades locales pero sin considerarlos realmente destinatarios directos de ese patrimonio.

Realizados a partir de la confección de cuestionarios orales que dejaban poco margen a la autorrepresentación local, y a la pobre convocatoria comunitaria, aquellos talleres de consulta y trabajo para la implementación del proyecto *Qapac Ñam* nunca pudieron lograr acceder a un nivel de comprensión más profundo respecto al significado colectivo de los lugares de la memoria indígena en la zona. El punto de distanciamiento fundamental en estas metodologías adoptadas para la patrimonialización cultural y sus ensayos de puesta en valor, se apoyan sobre los fines e intereses que ellas persiguen, las cuales no necesitan del conocimiento de las significaciones locales de los lugares de memoria para su efectivización, puesto que solo se proponen construir un modelo ideal de «patrimonio», definido y recortado en función de sus destinatarios primeros, «el turismo global», y acomodada a los fines de intereses económicos de la maquinaria de producción de la diversidad global. Tal y como lo afirma la antropóloga Rita Segato (2007), la revisibilización étnica y/o cultural, puede implicar también la invisibilización de la diferencia como autonomía, porque además, y sobre todo, es parte de una lucha hegemónica por la incorporación/desincorporación de la población en el proceso constante de expansión estatal y en el canon de ciudadanía en la colonialidad/modernidad.

La clara relación entre este megaproyecto «de patrimonio mundial» y el neoextractivismo megaminero quedó sellado a partir del año 2002 a través del Acta Compromiso de Montevideo por la cual los presidentes de Argentina, Bolivia, Chile, Perú y Ecuador se comprometieron a realizar esfuerzos conjuntos para la declaratoria de este patrimonio mundial, observando objetivos comunes a los megaproyectos de comunicación e infraestructura definidos para el IIRSA. En esta carta acuerdo los presidentes invitan a Colombia a participar de este proyecto liderado por Perú y gestores de UNESCO y con apoyo del BID. En el 2003, la declaración conjunta suscripta por los ministros de relaciones exteriores de Perú y Bolivia manifiesta claramente la reafirmación del compromiso de estos dos países con el proyecto *Qhapaq Ñan*-Camino Principal Andino expresando votos para la pronta puesta en marcha de la Cooperación Técnica Regional que proporcionará el Banco Interamericano de Desarrollo (BID), para darle un nuevo impulso al aprovechamiento de este antiguo sistema vial en beneficio de sus respectivos pueblos. Esta declaración conjunta refiere mayormente acuerdos vinculados a proyectos de la cartera de la IIRSA-COSIPLAN. Por último, una declaración realizada por la sexta reunión de jefes de Estados de UNASUR-IIRSA el 30 de noviembre de 2012 se manifiesta a favor de impulsar esta declaración del Sistema Vial Andino *Qhapac Ñam* como patrimonio de la humanidad.

Es notorio el parecido de estos proyectos de integración del pasado y del presente, *Qhapac Ñam* por un lado, IIRSA por el otro, dos proyectos de dominación que operan a partir de interconexión ambiciosa de redes de caminos que sirven para la comunicación y circulación de bienes y mercancías, una bajo el ejido del Tawantinsuyu en el siglo xv y otra en el ámbito de la UNASUR; una bajo una lógica de dominación territorial y política ritualizada ligada a una ontología indígena del territorio y sus seres, y la otra bajo una lógica del capitalismo de rapiña basada en la dominación y exterminio de vastos territorios y poblaciones; una basada en un proyecto de integración político-económico-social para el dominio político territorial de la región y otra basada en un proyecto de interconexión para la profundización de la acumulación por desposesión.

Estas relaciones entre *Qhapac Ñam* como patrimonio de la humidad y el impulso de la megaminería en Sudamérica también ha sido percibida por varios autores, entre ellos, Deyanira Gómez (2011) para el caso de Ecuador y en la tesis de grado de la arqueóloga Marcela Díaz (2015) sobre el caso en la provincia de Catamarca. Algunos arqueólogos vinculados al trabajo de nominación de este patrimonio mundial de UNESCO, desconocen explícitamente estas vinculaciones y han llegado a plantear para el caso de

Bolivia y Perú la existencia de proyectos locales —integrados al itinerario cultural andino UNESCO— contrahegemónicos al plan megaminero. Sin embargo, llama nuestra atención el grado de desconocimiento de las relaciones existentes reales entre los objetivos financieros del BID y de los Estados participantes de este patrimonio mundial UNESCO en el marco de los alcances y objetivos de la IIRSA. A partir de lo cual es posible poner en duda el potencial contrahegemónico del patrimonio en tanto artefacto cultural y político diseñado por el Estado moderno para la expansión del capitalismo de rapiña.

### El caso de la patrimonialización del histórico Cruce de los Andes

El tercer caso revelador del rumbo de la patrimonialización cultural en San Juan lo representa la construcción de nuevos significados políticos en torno a la reciente patrimonialización del histórico *Cruce de los Andes*. Realizado en el marco de la Expedición Libertadora de Argentina, Chile y del Perú, el Cruce de los Andes forma parte fundacional de la historia nacional argentina.

El Cruce de los Andes comprende un conjunto de maniobras realizadas por el Ejército de los Andes de las Provincias Unidas del Río de la Plata (Argentina) comandadas por el general José de San Martín en el año 1817. Su objetivo era enfrentarse militarmente a las tropas realistas leales a la corona española en Chile, atravesando la cordillera de los Andes desde la región argentina de Cuyo (San Juan y Mendoza). Desde algunos años, el Gobierno de la provincia de San Juan convirtió el tramo cordillerano que va de San Juan a Chile (utilizado por una de las columnas sarmantinianas, comandadas en aquel entonces por Bernardo O'Higgins), en un atractivo turístico nacional, marca registrada de la provincia.

Lo significativo de esta novedosa patrimonialización cultural de rutas y lugares de la memoria nacional es que emplea como caras visibles de su promoción a la propia imagen del gobernador José Luis

Gioja y a la cúpula política de gobierno, embajadores, fuerzas armadas, personajes de la cultura y del espectáculo nacional, y sobre todo al sector empresarial privado, incluyendo a los altos ejecutivos empresarios de las transnacionales megamineras asentados en la provincia.

En el despliegue de este ritual turístico «de elite» orquestado en torno a este hito histórico, se echaron a andar procesos de patrimonialización también configurados discursivamente por la misma construcción político-empresarial megaminera constatada en los demás órdenes culturales, sociales, etc. de la provincia. El turismo, considerado el tercer pilar del actual plan de gobierno provincial, y ratificado como tal en el Plan Estratégico de Gobierno, San Juan 2023, sirve como herramienta de promoción cultural del modelo de desarrollo megaminero.

En sus guiones y *perfomances*, la política de turismo provincial impone representaciones que buscan establecer nodos de continuidad entre la memoria histórica nacional (construcción subjetiva de larga duración) y la memoria minera reciente producida también por los mecanismos y dispositivos simbólicos de disciplinamiento y control estatal, pero en un contexto históricopolítico transnacionalizado. La performance del «Cruce de los Andes» funciona entonces como medio y lugar de confirmación de lealtades político-económicas que le permiten al Gobierno del Estado asegurar sus lazos de fraternidad y «compadrazgo» con los capitales privados, construir las plataformas simbólicas donde se moldean las subjetividades ciudadanas, y al mismo tiempo promover esto como valor agregado en la comercialización turística del patrimonio cultural así construido.

A comienzos del 2016 este hito cultural en el departamento Calingasta en San Juan fue elegido por el presidente Mauricio Macri para dar el anuncio nacional de la quita de las retenciones de impuestos a las exportaciones mineras[15].

---

15«Macri anunció en San Juan la quita de retenciones mineras». Nota Diario Cadena 3. 12/02/2016. http://www.cadena3.com/contenido/2016/02/12/Macri-anuncio-en-San-Juan-la-quita-de-retenciones-minera-158425.asp (Visitado por última vez el 28 de marzo de 2016).

Figura 3. El gobernador de la provincia de San Juan, José Luis Gioja comandando la expedición, montado a caballo y llevando la bandera nacional argentina, junto a él se encuentra el embajador de Canadá en Argentina y el de Chile, ambos con sus respectivas banderas. También acompañan empresarios del sector minero y funcionarios de gobierno de San Juan. Foto tomada del *Diario las Noticias*, edición digital del 02-06-2010.

## Rol de la arqueología de contrato

En general, puede decirse que en Argentina, los procesos de patrimonialización arqueológica producidos en el contexto megaminero fueron configurados por el contexto político económico hasta aquí descrito pero, al mismo tiempo y de manera recurrente, también ayudaron a configurar nuevos escenarios en varias provincias reputadas como mineras. Particularmente en el caso de San Juan, la proliferación de proyectos de exploración minera en la provincia desde finales de los años noventa, y por supuesto la apertura de varios proyectos megamineros

(Mina Veladero: mina de oro y plata; Gualcamayo: mina de oro y plata; El Pachón: mina de cobre y molibdeno; Casposo: oro y plata, actualmente cerrado; Pascua-Lama: oro y plata, actualmente cerrado) desde mediados de la década del 2000 provocó un *boom* en la demanda de estudios y evaluaciones de impactos ambientales, entre los cuales se obligan (a través de la Ley General de Ambiente) los estudios en materia de impacto arqueológico en las distintas fases de ejecución de estos proyectos (fase de exploración, fase de construcción de mina, fase de explotación, fase de cierre y remediación).

En otros trabajos nuestros hemos definido pormenorizadamente el escenario producido en San Juan como efecto de la proliferación de estudios de impacto arqueológico en las últimas décadas (Jofré, 2015, 2016). Algunos de los efectos más notables de la orientación megaminera de los procesos de patrimonializacion arqueológica construidos en estos estudios de impacto ambiental resultaron en la producción de poderosos discursos de patrimonialización al servicio del proyecto de erradicación de las memorias colectivas de los territorios. Esto fue conseguido principalmente a través de la suplantación de los sitios de memorias colectivas por listados de inventarios de sitios arqueológicos, y la reificación de las antiguas y obsoletas secuencias histórico arqueológicas producidas por las narrativas «discontinuistas» de la arqueología normativa practicada en San Juan desde los años sesenta (Jofré 2008; Jofre, Galimberti y Biasatti 2010). Esto fue seguido de la «privatización minera» efectiva de estos lugares bajo la retórica de una «ficción proteccionista» que intenta presentar a las corporaciones mineras como mecenas de la protección y conservación patrimonial, cuando en realidad son los primeros agentes de destrucción y saqueo de estos lugares de memoria. La finalidad fue provocar un efecto drástico en la definitiva desvinculación de los pueblos y comunidades con los territorios habitados durante siglos. La entrega de soberanía territorial en la franja limítrofe cordillerana a partir del Pacto Argentino-Chileno es el dispositivo diplomático internacional que ayuda a entender el contexto de entrega de los territorios y poblaciones en favor de esta expansión de la frontera extractivista en nuestra región.

Un punto controversial en las discusiones que se intentan dar fuera y dentro de la disciplina arqueológica en nuestro país, es el hecho de que los estudios e informes de los EIA alimentan la ilusión de que es posible controlar y supervisar los impactos ambientales-socioculturales de estas monstruosas obras extractivas en la cordillera (Colectivo Voces en Alerta, 2011; Jofré, Galimberti y Biasatti, 2010). Alimentan la fantasía de que los estudios científicos y el control estatal sobre estas obras a gran escala en sus distintas fases están orientados a cuidar los intereses de la ciudadanía y no los de las empresas. Mientras que de manera contraria, la experiencia vivida nos demuestra que en este contexto sociopolítico, el rol de las arqueologías de contrato (dentro o fuera de las universidades) en Argentina no puede ser otro que el de liberar las áreas de interés para las explotaciones. Las empresas y las políticas de Estado no dejan margen a otra posibilidad. Un/una profesional arqueólogo/a no son contratados para decir que allí no se puede hacer una huella o explotar un yacimiento, sino que el trabajo arqueológico «se acomoda» a las exigencias y demandas de los ejecutores de los proyectos mineros y a la presión de las agencias estatales de patrimonio.

Los hechos recientes en San Juan nos obligan a tomar una posición en favor de los pueblos y comunidades, no solo como profesionales, sino como habitantes de un mismo suelo partícipes de una población asediada por los riesgos del modelo necolonial extractivista.

### Conclusiones

Estos son los sentidos e intereses que se juegan en estas luchas hegemónicas libradas en los procesos de patrimonialización, en este caso, interpretados como las luchas simbólicas que se dan en este contexto transnacional o supranacional, estos convocan tanto a fuerzas de homogeneización como de heterogeneización que asisten a los procesos de reterritorialización de los procesos productivos del capitalismo flexible implicando, a la vez, la desterritorialización de la memoria social y cultural en la cual se han constituido históricamente las identidades locales. En estas luchas por la hegemonía de un territorio apropiable, y potencialmente rentable para su explotación económica, también se reorientaron los discursos de desarrollo turístico local y de los estudios y evaluaciones de impacto, modificando a su vez las políticas de conservación y protección de las áreas protegidas en función de la expansión de la frontera neoextractivista hacia zonas en reservas de biosfera, comunidades y resguardos indígenas y en los sitios declarados patrimonio nacional o patrimonio de la humanidad.

Las administraciones patrimoniales del Estado y organismos internacionales como UNESCO fueron actores protagónicos en este proceso expansivo de la frontera neoextractivista, así como los profesionales de las organizaciones civiles encargadas de hacer efectiva esta penetración a través de diseños discursivos que apelan al «desarrollo sustentable» y al «diálogo democrático» para una supuesta, y nunca realizada cogestión participativa en la administración de estos «recursos no renovables».

Como he intentado mostrar, los procesos de patrimonializacion arqueológica en provincias argentinas como San Juan, fueron y son dispositivos fundamentales de intervención sociocultural en las comunidades, a partir de lo cual es lícito denunciar que la patrimonialización cultural arqueológica de sitios y lugares de memoria en la actualidad no representan formas alternativas de defensa y protección del «patrimonio de los pueblos y comunidades», fundamentalmente porque su estructura declarativa y administrativa es operada al servicio de un modelo de despojo y saqueo de los territorios, digitado por la lógica del «capitalismo de rapiña» (*sensu* David Harvey). La arqueología comercial, contratada o subsidiaria del extractivismo megaminero cumple este rol estratégico de pacificación de los conflictos sociales a través de la implantación de un discurso científico instrumental dirigido a sostener ideológicamente este plan.

¿A quién o qué intereses estamos defendiendo cuando realizamos un estudio de impacto arqueológico, o cuando avalamos políticas de patrimonialización estatal en este contexto megaminero? ¿La defensa del patrimonio arqueológico nacional o de los pueblos es suficiente excusa? ¿Más aun cuando sabemos que este patrimonio nacional en realidad está siendo un dispositivo efectivo de control social en la lucha por imponer una realidad política económica y cultural? Para nosotros, estas preguntas son necesarias hoy en día, cuando luego de veinte años de explotación megaminera en la provincia de San Juan han dejado un saldo más que negativo. La gravosa contaminación ambiental en los departamentos de Jachal, Iglesia y Calingasta, la emergencia hídrica provincial, el clientelismo en las instituciones del Estado, los altos índices de desempleo, el reforzamiento de la cultura patriarcal y del individualismo del consumo neoliberal, y una economía reprimarizada frágil e incapaz de sostener otras economías agrícolas o ganaderas, productoras de alimentos y realmente sostenibles en el tiempo, son algunos aspectos visibles de los impactos de este violento modelo de acumulación capitalista.

**Referencias**

ANTONELLI, M. 2009. «Minería transnacional y dispositivos de intervención en la cultura. La gestión del paradigma hegemónico de la "minería responsable y desarrollo sustentable"». En *Minería transnacional, narrativas del desarrollo y resistencias sociales*, Maristella Svampa y Mirta Antonelli editoras. Editorial Biblos, Sociedad: Buenos Aires, 51-101.

DÍAZ, M. 2015. *Implicaciones patrimoniales: la declaratoria del Qhapaq Ñan como patrimonio mundial*. Tesis para optar el grado de Licenciada en Arqueología presentada en la Universidad Nacional de Catamarca. Inédita.

GÓMEZ, D.2011. «IIRSA, el eje multimodal Manta-Manaos y el Qhapaq Ñan». En *Retos y amenazas en Yasuní*, Anita Krainer y María Fernanda Mora (Compiladoras), FLACSO:Ecuador, 155-182.

HARVEY, D. 2004. «El nuevo imperialismo: Acumulación por desposesión». *Social Register*. http://biblioteca.clacso.edu.ar/clacso/se/20130702120830/harvey.pdf (Sitio Visitado por última vez el 28 de marzo de 2016).

JOFRÉ, I. 2008. «Arqueología de las sociedades "capayanas" del Norte de San Juan, República Argentina. Crítica a las narrativas discontinuistas de la arqueología sanjuanina. *Arqueología Sudamericana*. Volumen 4, Número 2, 146-168.

JOFRÉ, I. 2013. *Los pájaros nocturnos de la Historia: Una arqueología indígena de las sociedades capayanas del norte de la provincia de San Juan*. Tesis doctoral inédita  Universidad Nacional de Catamarca, Catamarca.

JOFRÉ, I. 2014. «Social movements and archaeology». En *Encyclopedia of global archaeology*, editado por Claire Smith, Springer: Nueva York, 6753-6761.

JOFRÉ, I. 2015. «Mega-Mining, Contract Archaeology, and Local Responses to the Global Order in Argentina». *International Journal of Historical Archaeology*, Vol 19.

JOFRÉ, I. 2016. «Arqueología de contrato, megaminería  y patrimonialización en Argentina». En *Debates sobre la arqueología de contrato*, editado por Cristóbal Gnecco y Adriana Días, Colombia.

JOFRÉ, I.; BIASATTI, S.; COMPAÑY, G.; GONZÁLEZ, M. G.; GALIMBERTI, M. S.; NAJLE, N.; AROCA P. 2008. «La cayana: entre lo arqueológico y lo cotidiano. Tensiones y resistencias en las versiones locales del patrimonio arqueológico en el norte de San Juan». *Revista Relaciones de la Sociedad de Antropología Argentina*. Tomo XXXIII, 181-207.

JOFRÉ, I.; BIASATTI, S.; GONZÁLEZ, M. G. 2010. «Los fantasmas capitalistas de una arqueología de los muertos y desaparecidos». En *El regreso de los muertos y las promesas del oro: Patrimonio arqueológico en conflicto*, Volumen coordinado por Carina Jofré, Encuentro Grupo Editor: Córdoba, 169-193.

JOFRÉ, I.; BIASATTI, S.; GALIMBERTI, M. S. 2010. «Contra-informe de los estudios y evaluaciones de impactos arqueológicos de proyectos megamineros ubicados en el departamento Iglesia, provincia de San Juan, República Argentina». En *El regreso de los muertos y las promesas del oro: Patrimonio arqueológico en Conflicto*, Volumen coordinado por Carina Jofré, Encuentro Grupo Editor: Córdoba, 207-241.

JOFRÉ, I.; FORTTE, A.P.; CARRIZO MUÑOZ, C. 2016. «Los "yarcos" contra el extractivismo minero: movilización social frente al derrame de cianuro en Mina Veladero». Actas del *II Congreso Internacional de los Pueblos Indígenas de América Latina* (2016, Santa Rosa La Pampa). En prensa.

NAVARRO, L. 2015. «Acumulación por despojo en América Latina: los casos de IIRSA y COSIPLAN». En *Actas de las XI Jornadas de Sociología de la Universidad de Buenos Aires, 13 al 17 de julio 2015*. Disponible on line: http://jornadasdesociologia2015.sociales.uba.ar/wp-content/uploads/ponencias/251_780.pdf (Sitio visitado por última vez el 20 de Enero de 2016).

PIAZZINI, C. E. 2008. «Cronotopos, memorias y lugares. Una mirada desde los patrimonios». En *Geopolíticas, espacios de poder y poder de los espacios*, Editado por Carlo Emilio Piazzini y Vladimir Montoya Arango. Universidad de Antioquia: Bogotá, 171-183.

ROLANDI, D.; RAFFAELE, L. 2013. *Patrimonio arqueológico e itinerarios culturales: el proceso de postulación del Qhapaq Ñan / Sistema Vial Andino Argentino a la Lista de Patrimonio Mundial de la UNESCO*. Ms.

SAGUIER, E. 2004. «Prebendarismo y Faccionalismo en la institucionalización del conocimiento: El caso de la investigación y la docencia argentinas (1989-2003)». En *Education Policy Analysis Archives*, 12 (6). Disponible en http://epaa.asu.edu/epaa/v12n6/.(Sitio visitado por última vez el 20 de Enero de 2016).

SEGATO, R. L. 2007. *La nación y sus otros. Raza, etnicidad y diversidad religiosa en tiempos de políticas de la identidad*. Prometeo: Buenos Aires.

SHEPERD, N. 2015. «Arqueología, colonialidad y modernidad». En *Arqueología y decolonialidad*, Nick Sheperd, Cristóbal Gnecco y Alejandro Haber (Eds.). Ediciones del Signo: Buenos Aires, 19-69.

SVAMPA, M. 2013. «Extractivismo en América Latina. El Consenso de los Commodities». *Adital*: http://www.adital.com.br/site/noticia_imp. asp?lang=ES&img=N&cod=75726 2/6 (Sitio visitado por última vez el 20 de Enero de 2016).

TORO PEREZ, C.; MORALES, J. F.; DELGADO, S. C; AVENDAÑO, T. 2012. *Territorio, minería y conflicto en Colombia*. Universidad Nacional de Colombia.

ZIBECHI, R. 2006. *IIRSA: la integración a la medida de los mercados, ALAI*. Disponible en http://alainet.org/active/11812&lang=es. (Sitio visitado por última vez el 20 de Enero de 2016).

## Documentos Consultados

ADMINISTRACIÓN DE PARQUES NACIONALES. Parque Nacional San Guillermo y Propuesta de Manejo Integrado de La Reserva de Biosfera San Guillermo. (2008-2013). http://wp.cedha.net/wp-content/uploads/2011/11/Plan-de-Manejo-del-Parque-Nacional-San-Guillermo-y-Propuesta-de-ManejoArgentina.pdf (Visitado por última vez el 1 de marzo de 2016).

FUNDACIÓN CAMBIO DEMOCRÁTICO. 2011. Informe de Elaboración consensuada del plan de manejo y monitoreo de la Reserva de Biosfera San Guillermo. http://www.cambiodemocratico.org/sitio2011/wp-content/uploads/2011/02/Propuesta-de-elaboraci%C3%B3n-Consensuada-del-Plan-de-manejo-para-San-Guillermo.pdf (Visitado por última vez el 1 de marzo de 2016).

INSTITUTO DE DESARROLLO SOSTENIBLE FCEYE-UNIVERSIDAD CATOLICA DE CUYO SAN JUAN. 2012. Plan de Manejo de la Reserva de Biósfera San Guillermo. http://mineria.sanjuan.gov.ar/biosfera_sanguillermo/plan_RBSG_23_05_2013.pdf y en http://www.reservasanguillermo.com/reserva-de-biosfera-san-guillermo.html#zona-de-usos-múltiples). (Visitado por última vez 1 de marzo de 2016).

# CAPÍTULO 6

# LA ARQUEOLOGÍA DE CONTRATO EN EL PERÚ: SURGIMIENTO, CARACTERIZACIÓN Y PERSPECTIVAS

**Henry Tantaleán**

*Instituto Francés de Estudios Andinos*

**Alex Gonzales**

*Universidad Nacional Mayor de San Marcos*

*Llévenselo o entiérrenlo lejos…*
*antes de que llegue el arqueólogo[1]*

## Introducción

La arqueología de contrato en el Perú tiene sus orígenes en la década de 1990, cuando luego de cambios profundos en el modelo económico en el estado peruano se iniciaron políticas de privatización y se promovió la explotación a gran escala de recursos naturales, sobre todo mineros. Para lograr el último objetivo, se diseñaron políticas de protección ambiental, social y cultural, que incluyeron a los denominados Estudios de Impacto Ambiental (EIA), los cuales fueron formalizándose hacia finales de los noventa. Sin embargo, es a partir de la primera década del presente siglo, cuando los cambios a nivel legislativo obligaron a que se desarrollasen una

---

1 Órdenes de un ingeniero a un trabajador durante la ejecución de una obra de infraestructura privada en una región del Perú.

mayor cantidad de dichos trabajos (Aldana, 2013). Desde ese momento, los trabajos de arqueología cobran gran relevancia como requisito previo para las obras de gran infraestructura y como el espacio laboral para la gran mayoría de arqueólogos en el Perú.

Desde sus inicios, este tipo de proyectos generó discusiones y polémicas. En dichas polémicas se planteó una suerte de dicotomía que aún persiste, entre arqueología de investigación y arqueología de contrato. Dicha dicotomía ha sido utilizada sobre todo para satanizar como para justificar a la arqueología de contrato. Esto sucede porque muchas veces, bajo el pretexto de ejercer una arqueología de contrato, no se han respetado los estándares de excavación y registro adecuado. De allí, la muchas veces justificada infravaloración de estos proyectos a la hora de utilizar sus resultados para formular propuestas arqueológicas.

Han transcurrido más de dos décadas desde que los primeros trabajos de arqueología de contrato se desarrollaron en el Perú y, creemos que, en la actualidad algunas valoraciones y conclusiones pueden ser ensayadas. Este es el objetivo del presente trabajo, advirtiendo que se hace desde dos perspectivas. Por un lado, la de un arqueólogo-investigador (Tantaleán), distanciado laboralmente de la arqueología de contrato[2] y, por el otro, la de un arqueólogo que se alterna entre la arqueología de contrato y la investigación (Gonzales). Esta combinación de perspectivas puede ayudar a presentar un panorama de la arqueología de contrato balanceado y que parte de nuestra propia práctica realizada en ambos extremos de la dicotomía señalada líneas arriba.

Queremos adelantar que, a pesar de ser una práctica muy común en la arqueología peruana, aunque suene paradójico, la arqueología de contrato no cuenta con mucha información detallada y/o cuantitativa. Por tanto, una evaluación con datos concretos o cifras específicas no ha sido posible, por lo que algunas de nuestras afirmaciones se basan en información

---

2 Aunque en sus inicios profesionales asistió por cortas temporadas a algunos proyectos de arqueología de contrato.

oficial y privada, información indirecta disponible y, sobre todo, en las experiencias y observaciones de campo de los autores. Así, en este artículo realizaremos nuestro análisis tomando en cuenta el contexto económico y político, el conocimiento sociológico y antropológico de los arqueólogos y empresas vinculadas con la arqueología de contrato y, por supuesto, nuestras experiencias y percepciones personales.

Con el objetivo de entender y explicar el fenómeno de la arqueología del contrato, en primer lugar, describiremos de manera sucinta el contexto económico y político en el que surgió y se desarrolló. A continuación, se revisará el marco legal en el que se desarrolla y ampara dicha arqueología, considerando la relación entre este tipo de actividad y las instituciones del estado peruano que tiene como función establecer los alcances, límites e impactos que este tipo de actividad tiene sobre el patrimonio arqueológico. A partir de ello se trata de caracterizar a la arqueología de contrato en el Perú. Finalmente, se presentarán algunas propuestas que esperamos sirvan para generar una discusión mayor sobre las propiedades y características que debería tener la arqueología de contrato, en un escenario diferente en el que sus trabajos de registro sean útiles a la comunidad arqueológica y a la sociedad.

## El contexto económico y político del surgimiento y desarrollo de la arqueología de contrato

A inicio de la década de 1990, el Perú se encontraba en una crisis económica muy profunda debido, básicamente, a una precaria economía arrastrada desde muchos años atrás y agravada por el recién acabado gobierno aprista (Cotler, 2009; Klaren, 2004). Alberto Fujimori, el electo presidente organizó una maquinaria tecnocrática para poder «reavivar» la economía (Sánchez y Gonzales, 2002)[3]. Es más, uno de los tecnócratas

---

3 Esta situación se ha consolidado en los sucesivos gobiernos, hasta tener a tecnócratas como candidatos y precandidatos presidenciales en las elecciones de 2016 (Von Hesse, 2015).

más reconocidos del Perú, Hernando de Soto, fue el representante del gobierno frente a los financistas extranjeros como el Banco Mundial y el Fondo Monetario Internacional (Burt, 2011: 274). Además, se instauró una política de ajustes de programas sociales, gasto público, menor intervención estatal, recortes de los beneficios laborales y privatización de empresas nacionales. Todo ello en el marco de las recomendaciones económicas brindadas por el Consenso de Washington[4] con el aval del Fondo Monetario Internacional, el Banco Mundial y el Banco Interamericano de Desarrollo (Martínez y Reyes, 2012: 44). A partir de este momento, el gobierno peruano empezó a «reflotar» la economía con un marcado corte neoliberal. Sobre todo, este modelo se financió gracias a los grandes ingresos económicos producto de la venta de las empresas nacionales a compañías privadas (Honorio, 2009). Este dinero y crecimiento económico inmediato, ayudó a fundar la idea, hasta ahora vigente, de que la única receta capaz de sacar al Perú de su pobreza, generar empleo y desarrollo, es la inversión privada (Gonzales de Olarte, 2005). Sin embargo, como señala Efraín Gonzales de Olarte: «[…] todas estas causalidades no se han demostrado ni teórica ni empíricamente; en realidad, a ellas se ha reducido la ideología predominante» (2005: 50).

Acompañando a esta receta económica, las políticas de represión bajo la excusa de la lucha contra el terrorismo, sirvieron como justificación para que el gobierno se instaure como una dictadura luego del autogolpe del 5 de abril de 1992 (Burt, 2011). A partir de entonces, Fujimori gobernó hasta el abrupto final de su periodo bajo un aura de supuesto liderazgo (Cotler y Grompone, 2000). Esto se solapó con actividades corruptas que se desarrollaban dentro del gobierno, pero que, al mismo tiempo, se presentaba como poderoso y eficiente (García, 2001; Gonzales, 2010,).

---

4 El autor o sintetizador de dicho consenso, John Williamson, realizó cambios al modelo en 1999 (Bustelo, 2003), pero estos no fueron considerados en el Gobierno de Fujimori, al igual que en otros países latinoamericanos, donde dichas recomendaciones también habían sido implementadas. De hecho, como señala Carlos Iván Degregori (2012 [2000]: 312), lo que en realidad existe en el Perú es un «neoliberalismo periférico».

En el 2000, luego de su intento de (re)relección, estalló una crisis de corrupción sin precedentes (García, 2001). El presidente Fujimori viajó a Japón y desde allí renunció a la presidencia, casi de inmediato se descubre su doble nacionalidad y es destituido por incapacidad moral[5].

Los gobiernos posteriores, bajo un discurso más democrático siguieron con los mismos lineamientos económicos, incluso acentuándolos más con el devenir del contexto económico mundial (Vergara, 2012; Ganoza y Stiglich, 2015). Así, los gobiernos de Alejandro Toledo (2001-2006) y Alan García (2006-2011), siguieron buscando atraer inversiones privadas. Para ello, fueron emitiendo nuevas normativas que cancelaban leyes y reglamentos que salvaguardaban el cuidado del medio ambiente y el patrimonio cultural.

El caso de Ollanta Humala, presidente del Perú entre 2011 y 2016 es especial, pues ganó las elecciones con una propuesta que supuestamente buscaba acabar con las injusticias generadas por el modelo económico vigente (Adrianzén, 2014). De hecho, acompañado de técnicos e intelectuales de izquierda formaron una coalición que logró ganar en el último momento las elecciones presidenciales en las que competía con la hija de Alberto Fujimori: Keiko. Sin embargo, al comenzar su gobierno, retiró de su círculo político cercano a todas las personas de izquierda, y tranzó con los grupos económicos dominantes del país. Esto continuó acentuando el rechazo que se tiene a la clase política por parte de los ciudadanos del país, situación en la que se vive actualmente y que activa continuamente manifestaciones y movimientos sociales a lo largo del territorio peruano (Mendoza, 2014).

Durante este último gobierno, se acentuaron aún más los recortes en temas normativos sobre el control medio ambiental y cultural. Se dieron nuevas normas, leyes y reglamentaciones que buscaban atraer más inversiones privadas, especialmente extranjeras. Luego de una gran

---

5 Resolución Legislativa del Congreso N° 009-2000-CR.

bonanza y desarrollo económico, las inversiones se volvieron escasas debido a las consecuencias de las crisis económicas internacionales, especialmente, la baja del precio de materias primas como el cobre (Ganoza y Stiglich, 2015:41-46).

Es en este escenario en que la arqueología de contrato se desarrolló y se mantiene actualmente.

## Legislación sobre el patrimonio arqueológico en el Perú

Como vimos, en el contexto económico y político reseñado líneas arriba, se generó una legislación para la salvaguarda del patrimonio arqueológico. Pero, a la vez, estas leyes fueron cambiando según las políticas económicas que así lo determinaban, siempre en la dirección del supuesto de generar inversiones y «sacar adelante el país» en busca del «progreso nacional». Sin embargo, desde la perspectiva de las grandes y medianas empresas privadas e, incluso desde organismos del mismo estado peruano, dicha legislación patrimonial es percibida como una traba o estorbo para la ejecución de sus actividades extractivas o constructivas[6].

En el Perú, el marco legal general de defensa, protección, conservación e investigación del patrimonio arqueológico está contenido en las Leyes de Patrimonio Cultural. En el 2004 se aprobó la Ley del Patrimonio Cultural de la Nación (N° 28296) y su reglamentación en el 2006 (Decreto Supremo N° 011-2006-ED). Tiempo después de este reglamento se dieron

---

6 Un caso especial, por lo escandaloso, es el del sitio arqueológico Catalina Huanca, yacimiento que ha sido destruido paulatinamente a lo largo de 50 años, con denuncias de destacados investigadores desde sus inicios, y que aún ahora se resiste a desaparecer. Sin embargo, a pesar de las denuncias y lo evidente de la continua destrucción, la empresa extractora de material de construcción sigue destruyéndola con la complacencia del Ministerio de Cultura del Perú, que, pese a las denuncias formales existentes, les sigue otorgando «permisos», pasando por alto la normativa vigente (*Revista Velaverde*, 18 de marzo 2014).

decretos legislativos y supremos que iban anulando «candados»[7] para la protección del patrimonio cultural. Estos cambios y modificaciones en las leyes y normas estaban en concordancia con la acentuación del modelo económico del país, consagradas con las firmas de tratados internacionales como el de Libre Comercio con Estados Unidos. Así, en el 2008 se dio el Decreto Legislativo N° 1003, el cual modificó el artículo 30 de la Ley del Patrimonio Cultural de la Nación (Ley N° 28296). Lo más resaltante de esta modificación tenía que ver con la cancelación de protección de sitios o evidencias arqueológicas ante el mejoramiento o ampliación de infraestructura preexistente (carreteras, por ejemplo).

Luego, a finales de 2007 se dio la Ley 29164 que otorgaba la oportunidad para concesionar sitios arqueológicos para su explotación turística. Sin embargo, las protestas en el país y, sobre todo, en la región de Cusco hicieron que esta fuera derogada, finalmente, en marzo de 2008. Más adelante, en el 2013, se promulgó la llamada ley de silencio administrativo positivo (N° 054-2013-PCM), que daba luz verde a las empresas constructoras y/o mineras para iniciar trabajos si el Ministerio de Cultura no emitía una respuesta pronta a sus solicitudes.

Con respecto a las leyes específicas de intervención de los yacimientos arqueológicos, en el año 2000 con la aprobación del Reglamento de Investigaciones Arqueológicas, se trató de estandarizar el proceso de los trabajos arqueológicos considerándolos a todos como investigaciones. Este documento sirvió como guía de trabajo arqueológico. Sin embargo, las limitaciones que presentaba, en tanto no especificaba controles directos para los trabajos de rescate, evaluación y monitoreo hicieron que su implementación fuese complicada hasta que, finalmente, fue cambiada en el año 2014.

El Reglamento del 2014 cambiaba de nombre: de Reglamento de Investigaciones Arqueológicas a Reglamento de *Intervenciones*

---

7 Los denominados «candados» son normas que limitan procedimientos o leyes generales en aspectos específicos.

Arqueológicas. Con ello se asentaba el hecho de que los trabajos desarrollados por la arqueología de contrato, eran requisitos previos para dar pase libre a las empresas de construcción. Entre las cuestiones más polémicas en esta nueva normativa estaba la consolidación del concepto de «estructuras e infraestructura preexistentes». Estas modificaciones conceptuales permiten que aquellos proyectos de inversión que se ejecuten sobre infraestructura preexistente puedan presentar un Plan de Monitoreo Arqueológico ante el Ministerio de Cultura, o sus Direcciones Desconcentradas, sin necesidad de la obtención de un Certificado de Inexistencia de Restos Arqueológicos (CIRA)[8].

Es importante señalar que este tipo de flexibilización de la normativa para la protección de sitios o evidencias arqueológicas, no se reduce a ella. Es, más bien, un signo que caracteriza a todos los gobiernos sucesivos desde Alberto Fujimori en adelante, que dejan en claro que la confianza en el modelo económico es la única vía para hacer que el Perú sea más «desarrollado».

Una frase que puede resumir y describir esta situación es la señalada por el antropólogo Juan Ossio, quien fue ministro de Cultura entre septiembre de 2010 y julio de 2011: «No marchar al ritmo de las tendencias modernas del mundo globalizado en la actualidad solo puede acarrear atraso y el riesgo de convertirse en víctima de aquellos que sí lo hacen»[9].

## Caracterizando a la arqueología de contrato en el Perú

Como señalamos anteriormente, no existe mucha información formal de cómo se desarrolla esta práctica. Lo que tenemos es mayoritariamente informes de los trabajos de campo, lo que se ha denominado como

---

8 El CIRA es el documento oficial por el cual se da constancia de que en un área determinada no existen restos arqueológicos.

9 Juan Ossio, ministro de Cultura, 2011. (Proyecto arqueológico Melchorita 2012, pág. 11)

literatura gris, en los que se describen sintéticamente los sitios y objetos arqueológicos recuperados durante dichos trabajos. En algunos casos excepcionales se ha logrado que las empresas contratistas financien publicaciones en las cuales se describe superficialmente las actividades y hallazgos realizados. Sin embargo, muchas de las reflexiones en torno a la arqueología de contrato se han realizado en foros promovidos por los estudiantes de arqueología. Dichas discusiones y reflexiones se reducen a dos reuniones que tuvieron como motivo esta temática.

La primera reunión fue organizada en el año 2007 por el Museo de Arqueología y Antropología de la Universidad Mayor de San Marcos titulada *Arqueología hoy, usos y funciones en la sociedad contemporánea,* en donde se trató de mostrar el desenvolvimiento actual de la arqueología. Los participantes eran básicamente arqueólogos que realizaban trabajos de evaluación y rescate arqueológico en el marco de los proyectos mineros y gasíferos: Yanacocha, Pierina, Camisea, etc. El común denominador de las exposiciones giró en torno a la presentación (justificación) de la existencia de estos proyectos. Incluso, se llegó plantear la tesis de que la arqueología atravesaba por un *boom* profesional, sustentado en la cantidad de este tipo de proyectos y la ganancia en términos económicos que estos significaban para los arqueólogos (Gonzales, 2010: 130).

La segunda reunión tuvo lugar en 2010, convocada por los estudiantes de arqueología de la Universidad Nacional Mayor de San Marcos y llevó por título: *Arqueología de contrato: Alcances y propuestas.* En este evento, lo más destacable fue la discusión entre dos perspectivas contrarias, esbozadas por dos profesores de esa misma universidad. La primera, giraba en torno a la relación arqueólogo-comunidad en donde el patrimonio arqueológico sería el punto de unión o bisagra entre ambos. La propuesta contraria señalaba que la anterior era una visión idealista del patrimonio arqueológico y que, más bien, era el dinero el que vincula al arqueólogo con la comunidad. Además de la anterior polémica, una de las propuestas más resaltantes fue la de crear un centro documentario con la información proveniente de los proyectos de arqueología de contrato. Las demás ponencias en dicho evento giraron en torno a la dicotomía de siempre y, como en el evento anterior, en señalar las «bondades» y «beneficios» de la arqueología de contrato (com. pers. José Alva).

Es necesario e importante señalar que uno de los eventos relativamente nuevos y en camino a consolidarse, el Congreso Nacional de Arqueología, organizado por el Ministerio de Cultura, no ha destinado un espacio para la discusión de dicha temática, siendo una de las prácticas más importantes que se desarrollan en el país. Las discusiones que se desarrollan en este espacio siguen temáticas que podrían encajar en lo que se denomina «investigación pura». Esto podría revelar la burbuja social en la que aparentemente se encuentran los participantes y supervisores de las investigaciones arqueológicas en el Perú[10].

En el Perú, son muy pocos los arqueólogos que nunca hayan realizado trabajos bajo esta modalidad. Sin embargo, muchos de ellos, al conseguir condiciones laborales que les permitan prescindir de dicha práctica, niegan, olvidan o le restan importancia a esta forma de hacer arqueología. Nosotros quisiéramos llamar la atención sobre eso, pues, lejos de ayudar a corregir las nefastas negligencias que se suceden en *esta* arqueología, solo la obvian y lo convierten en un pasado oscuro que hay que ocultar. Las críticas, por lo general, se reducen a señalar la práctica de la arqueología de contrato como nefasta, sin reparar en las características internas y externas en las que esta se desarrolla.

Creemos que esto se debe a la dicotomía a la que nos referíamos al principio de este texto. Señalamos que las diferentes iniciativas que dan lugar a todas las intervenciones arqueológicas (arqueología de rescate, evaluación, investigación y de gestión), no deben ser justificación para prescindir de las técnicas y metodologías exhaustivas necesarias para

---

10 En el momento de terminar de escribir este capítulo nos ha llegado la noticia de que en la versión del 2016 del Congreso Nacional de Arqueología se ha convocado también a los proyectos de evaluación arqueológica permitidos por el Ministerio de Cultura en el año 2015.

una óptima excavación y registro arqueológico. Si bien estos trabajos arqueológicos presentan diferencias de orden teórico-metodológico, pensamos que toda intervención en un sitio arqueológico (material arqueológico producto de prácticas sociales) debería apuntar a posibilitar la explicación de las sociedades que produjeron los restos materiales. De este modo, evitaremos la construcción de parcelas dentro de la arqueología, la cual muchas veces sirve, como venimos señalando, de justificación para ciertas maneras de tratar o trabajar con los objetos arqueológicos (Gonzales, 2010).

Como vimos, la «arqueología de contrato» está directamente relacionada con el auge de los proyectos de inversión e infraestructura (mineras, carreteras, gasoductos, hidroeléctricas, etc.). Casi todas ellas están relacionadas con la extracción de recursos naturales, pues esta es la que realiza trabajos de saneamiento legal y físico de las áreas en donde se desarrollaran estas actividades económicas. Estas, debido a compromisos (siendo muchas veces solo eso) con el Estado, tienen que cumplir ciertas normas. Para ello, las empresas contratan a arqueólogos o empresas de arqueólogos para sobrellevar y resolver el cumplimiento de dichas normas, sin que tengan un interés científico o social de por medio. Por tal motivo, el imperativo máximo es la rapidez (eficacia) en su ejecución. Esto ha convertido a la recuperación de datos arqueológicos en un mero requisito para la realización de obras. De este modo, se intervienen evidencias que posibilitan o debieran posibilitar el conocimiento de las prácticas sociales desarrolladas por los grupos humanos. Sin embargo, al final, mucho del registro de estos trabajos y los mismos materiales arqueológicos descansan en los almacenes de la entidad pública que los acumula sin un futuro claro y, más bien, inutilizado y condenado al olvido en muchos de los casos.

Por lo general, luego que los materiales y los informes producto de los trabajos de arqueología de contrato (la denominada «literatura gris») son entregados al Ministerio de Cultura, nunca son nuevamente vistos, ni analizados. El problema se convierte en polémico cuando algunos investigadores, ajenos al equipo que desarrolló el trabajo técnico, desean revisar los materiales y se les dificulta el acceso por diferentes motivos.

Así, la premura con la que se desarrollan los trabajos, las rebajas en los costos de ejecución, la presión que se ejerce y la competencia existente, hace que se valore la rapidez en la ejecución antes que el desarrollo metódico del mismo en todas las fases de trabajo vinculadas con la arqueología de contrato. Esto se ve reflejado en los informes finales, en los que priman la forma y no el contenido. De este modo, lo más importante es la coherencia discursiva y no la ejecución metódica y científica que debería tener una excavación (nos referimos a las maneras de recolección de los datos, su registro y la descripción de la presencia-ausencia de objetos).

Hemos llegado a una suerte de tiranía en la elaboración de los informes en contra de la materialidad arqueológica. Muchos colegas peruanos objetarán que esta es una afirmación subjetiva y sin pruebas, pero todos los que han (hemos) trabajado en este tipo de proyectos, sabemos que el despliegue de los recursos metodológicos y técnicos no se hace de la mejor manera. No necesariamente por la destreza de quienes las ejecutan, sino por la presión que se ejerce sobre los trabajadores directos (los excavadores y evaluadores) por parte de sus contratantes. En estos últimos años, los propios arqueólogos dueños de consultoras, por el afán antes mencionado (rapidez en la ejecución, competencia con otras y el temor a obtener descredito por un trabajo lento) son los que presionan para que los trabajos se desarrollen de dicha manera. Muchos han escuchado historias de cómo se excavan sitios arqueológicos con abundante material sin zarandas, excavaciones desarrolladas con maquinaria pesada (palas mecánicas y excavadoras), utilizando material inapropiado para el embalaje, excavación de áreas de concentraciones de entierros en muy corto tiempo y con registro más que inapropiado, materiales arqueológicos abandonados en depósitos por mucho tiempo, etc.

Por otro lado, los proyectos de arqueología de contrato, rara vez, si es que casi nunca, tienen tiempo para la preparación de antecedentes de investigación o de revisión de literatura relacionada al lugar o cuentan con especialistas en el periodo o área de investigación en el que se desarrollara el trabajo. Lo anterior descansa, entre otras razones, en la presunción, por parte de los contratistas, de que todo arqueólogo está preparado o tiene pericia suficiente para afrontar cualquier contexto geográfico y temporal, ya que se trata de un trabajo sobre todo técnico (profesional). Como cualquier arqueólogo con algo de experiencia sabe, esta situación mella el entendimiento de lo que se excava y, por lo tanto, de alguna manera, limita las estrategias y técnicas para recuperar esos materiales y los posibles desarrollos inferenciales que se puedan hacer con ellos. Del mismo modo, rara vez se destina una parte del presupuesto dentro de los marcos de estos proyectos para el análisis posterior de los materiales recolectados y mucho menos para su publicación. Por ejemplo, en el emblemático caso de Camisea[11] (2004) se han excavado infinidad de sitios, pero no se sabe casi nada hasta ahora de los resultados. Si se consiguen fondos para análisis y publicaciones, dependerá mucho de la capacidad de negociación o gestión del profesional encargado del trabajo. Sin embargo, dado el volumen y cantidades de trabajos que incurren en la afectación de sitios y paisajes arqueológicos, como veremos más adelante, los casos en los que se han desarrollado análisis de materiales y su publicación son mínimos.

Otro problema significativo es que muchos de estos trabajos se desarrollan dentro de contratos con cláusulas de confidencialidad, no solo con respecto al tema de la empresa contratante sino, también, con los mismos datos encontrados por los arqueólogos, haciendo que estos sean literalmente privatizados.

Ahora bien, un impacto importante a resaltar es la relación entre la arqueología de contrato y las comunidades adyacentes. Como vimos, el trabajo arqueológico incluido en los estudios de impacto ambiental es uno

---

11 Camisea fue un proyecto de construcción de un gasoducto que partía de la provincia de la Convención, en la selva de Cusco, y llegaba hasta la costa peruana. Durante sus trabajos se registraron más de 200 sitios arqueológicos, muchos de los cuales fueron excavados en su totalidad. Sin embargo, no se ha publicado prácticamente nada sobre dichas excavaciones.

más de los requisitos para que este sea aprobado y, por lo tanto, no es el único que genera impacto ambiental, político, económico y social en las comunidades. Muchas veces estos trabajos generan conflictos sociales, los cuales han dejado muertes como consecuencia (para más detalle revisar De Echave, 2009). Para el caso de la arqueología, hay que tener en cuenta que nuestra participación genera intereses, dudas y expectativas en las personas involucradas directamente. Esto es un punto clave a la hora de valorar y decidir cómo desarrollar nuestro trabajo, pues, lejos de lo que creemos, estos tienen consecuencias en la vida de las personas afectadas. Además del impacto económico, más allá de las contrataciones temporales a los pobladores, existe esta suerte de idea de convertir a todos los sitios arqueológicos en destinos turísticos, con lo que los sitios se convierten en posibles vehículos de «progreso» económico. Este es un tema relevante que muchas veces no es considerado tanto en arqueología de contrato como en la de investigación. Sin embargo, por cuestiones de espacio no nos extenderemos sobre este tema en este lugar (para una discusión mayor revisar Tantaleán, 2016).

Finalmente, a nivel laboral, existen una serie de problemas dentro del *boom* económico y laboral que parece haber atravesado la arqueología de contrato en el Perú. Y es que, irónicamente, bajo ese nombre se oculta que mucha de dicha arqueología se realiza sin contratos. Vale decir quedicha actividad muchas veces se realiza de manera informal o poco clara y, mucho menos, justa para el empleado. Dicho esto, podemos empezar a visualizar o prever el estado precario en el que actualmente se sigue desarrollando laboralmente este tipo de arqueología en el Perú[12]. En el Perú existen alrededor de 60 consultoras de arqueología. Casi todas ellas emplean a no más de una decena de personas directamente en plantilla, y contrata eventualmente a decenas de profesionales independientes mediante la modalidad de servicios no personales (fuera de plantilla). Lo anterior, se hace para evitar elevar los costos que conllevaría contratar a

---

12 Esta situación no es única para el Perú. Para ejemplos similares en otros lugares y contextos ver, por ejemplo, Vigil-Escalera (2011) y Hamilakis (2015).

los arqueólogos con sus beneficios laborales y pagar mayores impuestos al Estado. Estas modalidades no son exclusivas de unas cuantas empresas, es más bien la norma. Esta eventualidad contractual en obras específicas, sirve o ayuda para la alternancia de algunos profesionales que se mueven entre la investigación y la arqueología contractual, a costa, claro, de la estabilidad laboral. Obviamente, esto no es algo aislado, sino que forma parte de la precariedad e informalidad laboral que es la norma en la economía peruana.

Como vemos, el impacto de la arqueología de contrato ocurre a diferentes niveles, no solamente en los yacimientos arqueológicos, o las comunidades adyacentes, sino también en los mismos profesionales. Solo para finalizar queremos comentar algo con respecto al impacto de este tipo de arqueología con respecto a la sociedad, el cual preliminarmente se puede verificar en el campo de las publicaciones producto de estos trabajos. En el caso de esta arqueología, como en la de investigación, la publicación de artículos o libros de carácter científico sigue siendo el baremo por el cual se puede medir el impacto de la arqueología en el público.

**Producción de textos a partir de los trabajos de arqueología de contrato**

Uno de los aspectos que pueden servir para cuantificar el impacto de la arqueología de contrato es la producción de publicaciones (reportes, ensayos, propuestas teóricas o metodológicas) resultado de dichos trabajos en los últimos años. Una mirada rápida a una de las revistas de arqueología con más regularidad que se publica en el Perú, el *Boletín de Arqueología* de la Pontificia Universidad Católica del Perú (PUCP) puede ayudar en esta tarea. Además, el Boletín de la PUCP es la única revista de arqueología peruana general con pares externos e indexada que sube sus contenidos a Internet con lo cual su impacto en la sociedad es mucho más profundo y generalizado.

La revisión de los números publicados por el Boletín de la PUCP, nos indica que desde el año 2000 hasta el 2013, tiempo en el cual se publicaron 17 números, solamente 3 artículos tuvieron como punto de partida proyectos definidos como arqueología de contrato. El primer artículo corresponde a los trabajos de rescate para la construcción de una línea de transmisión (cableado de alta tensión eléctrica) en los márgenes del rio Santa (Ponte, 2004). El segundo artículo está basado en las excavaciones de rescate ejecutadas en el área de la mina Pierina (Paredes *et al.*, 2004). El tercer artículo es el resultado del análisis de materiales provenientes de un entierro encontrado durante los trabajos del proyecto Camisea (Balbuena, 2015)

Por otro lado, de los proyectos más representativos de infraestructura de los últimos años, podemos mencionar los relacionados con gasoductos. El primero de ellos conocido como Camisea. Este proyecto tuvo como objetivo realizar un tendido de tuberías para el traslado de gas desde la selva de Cusco hasta el litoral peruano. En este proyecto se registraron 200 sitios arqueológicos, de los que se rescataron[13] 137 (Balbuena, 2015). De estos proyectos existen artículos «sueltos», pero en muy poca cantidad, quizás 5 reportes en revistas científicas y 5 ponencias en eventos de arqueología en el Perú no publicados (Congreso del Hombre de Cultura Andina y Amazónica, 2008).

Otro de los proyectos de gasoducto, es el denominado Proyecto Melchorita de PERU LNG, el cual buscaba obtener los CIRA requeridos para construir una planta, una cantera y un gasoducto. Un total de 277 sitios arqueológicos fueron registrados y más de la mitad rescatados dentro del área del proyecto (Perú LNG, 2012). A la fecha no conocemos la existencia de alguna publicación consistente sobre dichos trabajos arqueológicos.

---

13 El «rescate» de un sitio arqueológico implica la excavación de un sitio o elemento arqueológico en su totalidad. Lo anterior se realiza con la finalidad de retirar toda la evidencia cultural en una determinada área que será destinada o utilizada para la implementación de infraestructura o área de explotación minera.

Obviamente, se nos pueden escapar algunos libros, capítulos de libros o artículos divulgativos aparecidos, sobre todo, en los Departamentos del Perú donde operan o tienen influencia los proyectos que incorporan a la práctica arqueológica dentro de sus actividades. Sin embargo, la visibilidad de dichos trabajos debe ser tan baja como para no poderlos tomar como textos de impacto en la sociedad.

## Reflexiones Finales

Como se ha señalado, en los últimos veinte años la arqueología de contrato en el Perú se ha desarrollado rápida y extensivamente dada la cantidad de proyectos mineros o de infraestructura, a consecuencia de las políticas económicas instaladas desde la década de los noventa. Sin embargo, los materiales y contextos arqueológicos recuperados no han servido de mucho para potenciar o desarrollar explicaciones arqueológicas o conocimiento socialmente útil. Su aparición en la historia de la arqueología peruana ha generado una suerte de polarización entre arqueología de contrato y arqueología de investigación, lo que genera la negación de un problema. Dicha negación impide la discusión y evaluación profunda de los procedimientos y registros provenientes de este tipo de arqueología en el Perú.

Creemos que no se logrará una comprensión real del asunto si se sigue analizando la arqueología de contrato desde su particularidad. Consideramos que es necesario entender a la arqueología de contrato como consecuencia de un modelo político-económico en donde lo pragmático domina y define los trabajos arqueológicos y otros que se ven directamente involucrados, como por ejemplo el medio ambiente. Por lo anterior, creemos que un diálogo serio y comprometido es un primer paso para mejorar la situación actual que no es nada halagadora para la defensa del patrimonio arqueológico en el Perú. Humildemente proponemos como puntos de partida para una discusión más amplia, los siguientes puntos:

1. El camino a seguir tiene que involucrar a «ambos bandos», supuestamente antagónicos. Para ello, hay que partir de una autocrítica de por qué el contexto actual se presenta como tal y, como hemos llegado al punto en el que nos encontramos. Desde allí se deberían pensar en nuevos escenarios en donde se aprovechen las posibilidades que ofrece la arqueología de contrato por el volumen de materiales excavados año tras año.

2. Generar un marco de referencia teórico-metodológico a la hora de enfrentarnos a la gestión actual y a las características propias del Perú. No basta con quedarnos solamente en la retórica posmoderna de la multiculturalidad. Debemos plantearnos seriamente como nuestra práctica arqueológica puede ser conducida en una realidad concreta con sociedades pasadas y sociedades presentes concretas.

3. Innovar y adecuar la tecnología y metodología de registro para responder preguntas clave. Debemos entender que innovar en técnicas de registro no significa solo comprar un dron o tener análisis sofisticados de materiales arqueológicos solo con la intención de hacer más voluminoso al informe final. Innovar en este contexto significa buscar las alternativas más creativas que tenemos al alcance para responder preguntas sociales dentro de marcos teóricos mínimos que posibiliten que la arqueología de contrato no sea un anexo de los Proyectos de Impacto Ambiental, sino que coadyuve a prevenir los excesos de las actividades mineras u otras de impacto sobre la tierra.

4. Discutir la necesidad de un marco institucional que ayude a representar y regular las prácticas y trabajos de las empresas dedicadas a la consultoría arqueológica. De esta manera, podríamos tener más campo de acción institucional gremial que brinde soporte y respaldo colectivo a los arqueólogos a la hora de enfrentarnos a las compañías que desarrollan proyectos de infraestructura y explotación de recursos naturales.

5. Desarrollar un centro documentario que albergue y donde se compartan los informes de los proyectos provenientes de trabajos de arqueología de contrato. De este modo, servirán como información para futuros trabajos y, además, serán evaluados por la comunidad arqueológica, con lo cual los posibles vicios y malas prácticas quedarían bajo escrutinio público.

6. Discutir colectivamente la normativa vigente para explorar nuevos caminos para la salvaguarda de las evidencias arqueológicas. Creemos que la normativa actual no es suficiente para las diferentes modalidades de trabajos arqueológicos que se desarrollan en la actualidad en el Perú. Una propuesta de nuestra parte solo es posible desde una discusión que involucre a todos los arqueólogos.

Seguramente hay muchos más puntos que se nos escapan. Quizá algunos de los puntos señalados suenen idealistas dado el contexto económico, político e ideológico en el que habitamos. Por ello, este texto más que un balance y propuesta final solo es parte del proceso de construcción de un diálogo permanente sobre cómo se hace y se debería hacer la arqueología en el Perú. Si bien la división técnica del trabajo que genera el capitalismo ha capturado también al trabajo arqueológico, debemos ser conscientes de que en el fondo hay más cosas en común que necesidades e intereses individuales. Solamente reconociéndonos en la diversidad podremos afrontar los compromisos y grandes retos que, para bien o para mal, tenemos con relación a la rica herencia arqueológica del Perú.

### Agradecimientos

A José Roberto Pellini por animarnos a escribir este artículo. Henry Tantaleán quiere agradecer a Kelita Pérez Cubas por su apoyo permanente. Alex Gonzales quiere agradecer a los colegas de «ambos frentes» con los cuales se ha discutido, con diferentes grados de pasión, algunos temas aquí tratados, especialmente Michiel Zegarra, Miguel Ortiz y Juan Carlos Bustamante. Claro está, todo lo señalado en el presente texto es enteramente responsabilidad de los autores.

## Referencias

ADRIANZÉN, C. 2014. «Una obra para varios elencos. Apuntes sobre la estabilidad del neoliberalismo en el Perú». *Nueva Sociedad*, 254, 100-111.

ALDANA, M. 2013. «La fiscalización ambiental en el Perú: orígenes, estado actual y perspectivas futuras». *Derecho y Sociedad*, 41, 323-340.

BALBUENA, L. 2015. «Evidencias paracas en los valles de Pisco y Mala». *Boletín de Arqueología PUCP*, 17, 57-75.

BUSTELO, P. 2003. «Desarrollo económico: del consenso al posconsenso de Washington y más allá». En VV.AA. *Estudios de historia y pensamiento económico (homenaje al profesor F. Bustelo)*. Editorial Complutense: Madrid, 741-755.

COTLER, J. 2009. *Clases, estado y nación en el Perú*. IEP: Lima.

DEGREGORI, C. I. 2012 [2000]. *La década de la antipolítica. Auge y huida de Alberto Fujimori y Vladimiro Montesinos*. IEP: Lima.

DE ECHAVE, J.; DIEZ, A.; HUBER L.; REVESZ B.; LANATA, X.; TANAKA, M. 2009. *Minería y conflicto social*. IEP: Lima.

COTLER, J.; GROMPONE, R. 2000. *Fujimori. Ascenso y caída de un régimen autoritario*. IEP: Lima.

GAMARRA, M. 2014. «¿Adiós a Catalina Huanca?». *Revista Velaverde*, 18 de marzo 2014. Disponible en: http://www.revistavelaverde.pe/adios-a-catalina-huanca/

GANOZA, C.; STIGLICH, A. 2015. *El Perú está calato. El falso milagro de la economía peruana y las trampas que amenazan nuestro progreso.* Planeta: Lima.

GARCÍA, M. 2001. «La década de Fujimori: ascenso, mantenimiento y caída de un líder antipolítico». *América Latina Hoy,* 28, 49-86.

GONZALES, A. 2010. «Arqueología hoy, ¿para qué? o ¿a costa de qué?. *Revista de estudiantes de arqueología de la UNMSM,* 7, 129-157.

GONZALES DE OLARTE, E. 2005. «Crecimiento, desigualdad e ingobernabilidad en el Perú de los 2000». En *El Estado está de vuelta: desigualdad, diversidad y democracia.* IEP: Lima.

HAMILAKIS, Y. 2015. «Archaeology and the Logic of Capital: Pulling the Emergency Break». *International Journal of Historical Archaeology,* 19 (4), 721-735.

HONORIO, J. 2009. «Genocidio y neoliberalismo en el régimen fujimorista». *Historia actual online,* 19, 65-75.

KLAREN, P. 2004. *Nación y sociedad en la historia del Perú.* IEP: Lima.

MENDOZA, I. 2014. «El Estado y los conflictos sociales durante el gobierno de Ollanta Humala». En *Perú hoy, más a la derecha comandante.* DESCO, julio 2014, 39-55.

PAREDES, J.; QUINTANA, B.; LINARES, M. 2004. «Tumbas de época Wari en el callejón de Huaylas, Perú». *Boletín de Arqueología PUCP,* 4, 253-.288.

PONTE, V. 2004. «Transformación social y política en el Callejón de Huaylas, siglos III y X d.C. *Boletín de Arqueología PUCP,* 4, 219-251.

PERÚ LNG. 2012. *Proyecto Arqueológico Melchorita.* Perú LNG: Lima.

TANTALEÁN, H. 2016. «¿Por qué es necesaria una arqueología indígena en el Perú?» Disponible en https://www.academia.edu/20390984/_Por_Qu%C3%A9_es_Necesaria_Una_Arqueolog%C3%ADa_Ind%C3%ADgena_en_el_Per%C3%BA

SÁNCHEZ, J.; GONZALES, O. 2002. «Ideólogos y expertos en el Perú reciente». *Anuario de Estudios Americanos*, 59 (1), 223-247.

VERGARA, A. 2012. «Alternancia sin alternativa. ¿Un año de Humala o 20 años de un sistema?». *Argumentos, 3.* Disponible en: http://revistaargumentos.iep.org.pe/articulos/alternancia-sin-alternativa-un-ano-de-humala-o-veinte-anos-de-un-sistema/

VIGIL-ESCALERA, A. 2011. «El pequeño mundo en ruinas de la arqueología contractual española». *Arkeogazte, 1,* 17-20.

VON HESSE, M. 2015. «El creciente poder de los tecnócratas en el Estado». *Semana económica,* edición del 23 de octubre. Revisado por última vez el 10 de febrero de 2016: http://semanaeconomica.com/article/legal-y-politica/sector-publico/172342-el-creciente-poder-de-los-tecnocratas-en-el-estado/

# CAPÍTULO 7

# LA ARQUEOLOGÍA MERCENARIA EN ESPAÑA: NEOLIBERALISMO, PRECARIEDAD LABORAL Y MERCANTILIZACIÓN DE LA HISTORIA

**Pablo Aparicio Resco**

*PAR Arqueología y Patrimonio Virtual*

> *Toda revolución ha sido precedida por un intenso trabajo de crítica, de penetración cultural, de permeación de ideas (...). Las bayonetas del ejército de Napoleón encontraron el camino ya allanado por un ejército invisible de libros, de opúsculos, derramados desde París a partir de la primera mitad del siglo XVIII y que habían preparado a los hombres y las instituciones para la necesaria renovación.* Antonio Gramsci, «Socialismo y Cultura».

Vivimos en un momento vibrante de cambios forzosos y despertar de la conciencia. De pronto el rey está desnudo y se muestra ante nosotros con todas sus vergüenzas. Esta sensación de degradación de un sistema que se empieza a rasgar por sus costuras se repite, hoy en día, en los países periféricos y del sur de Europa y, aunque probablemente no se trate de una sensación nueva ni única, no es por ello menos real. El sistema neoliberal, flanqueado por los omnipotentes conceptos del crecimiento y el desarrollo, aparece ante nosotros tal como es, reflejado en la desigualdad creciente, en la pobreza extensiva y en el mercantilismo desaforado. Las certezas que un día caracterizaron la vida de nuestros mayores se muestran hoy como un espejismo difícil de materializar y nuestras perspectivas profesionales y personales se tambalean inestables.

El mundo de la arqueología en España amplifica esta imagen de marcados contrastes: en los primeros años del siglo XXI hemos pasado de una situación de euforia desenfrenada a la precariedad más absoluta y ni siquiera hemos conseguido, por el camino, convertir en sentido común que la arqueología es una profesión respetable y que los arqueólogos son trabajadores profesionales. Es por ello por lo que resulta fundamental, en este momento crucial, construir reflexiones críticas que engrosen las filas de ese «ejército invisible de libros» que reclamaba Gramsci, fomentar la arqueología militante (Tantaleán, 2012: 33-41) y trabajar por activa y por pasiva en la construcción de una nueva consideración de la arqueología como disciplina y del arqueólogo como trabajador.

El presente artículo se dividirá en tres partes: en la primera se analizará la evolución de la arqueología en España en los inicios del siglo XXI, poniendo atención en la llamada «arqueología comercial» o «arqueología de empresa», lo que nos permitirá observar un relato de nacimiento-muerte-resurrección propio de otro tipo de procesos pero muy adecuado para la disciplina que nos ocupa; en la segunda parte reflexionaremos sobre la situación precaria de muchos de los trabajadores del mundo de la arqueología y el patrimonio en España, que muestra un lavado de cara a las contradicciones propias del sistema capitalista, intensificadas por el pensamiento neoliberal, hoy hegemónico; en el tercer y último punto se pondrá de relieve cómo la comprensión mercantilista del mundo también afecta a las humanidades y a la arqueología sustituyendo la búsqueda de resultados por la presentación de productos, las bibliotecas por escaparates y los museos por parques de atracciones, los arqueólogos son productores y comerciantes y la Historia producto de compra-venta.

Todo esto nos permitirá tener un punto de vista de la situación de la arqueología en España, principalmente de aquella que llevan a cabo empresas o autónomos, con vínculos puntuales o inexistentes con las universidades.

## La arqueología comercial en España en los inicios del siglo xxi

España, como nación imaginada —parafraseando a Tomás Pérez Vejo—, experimenta dos ciclos de nacimiento-muerte-resurrección: «Una primera España que había luchado por su independencia contra los romanos, logrado su unidad nacional con los visigodos, muerto en la batalla de Guadalete, resucitado en la de Covadonga y reconquistado palmo a palmo durante ocho largos siglos el territorio que por disposición divina le pertenecía» y, en un segundo momento, una segunda España, entendida como la verdadera nación española, que tenía como fecha de nacimiento precisa el reinado de los Reyes Católicos, afirmaba su existencia en la época de los Austrias, desaparecía en el siglo xviii y resucitaba en el siglo xix con la Guerra de Independencia (Pérez Vejo, 2015: 50-51).

Como una paradoja de nuestra propia *nación profesional*, la arqueología española puede también verse reflejada en un doble ciclo de nacimiento-muerte-resurrección: una primera arqueología española que nace con los anticuarios de los siglos xvi y xvii, crece con Carlos III y su patronazgo de las excavaciones del Vesubio y se comienza a desarrollar como disciplina académica e incipientemente científica a partir de 1912, año en el que se publica el reglamento de excavaciones arqueológicas (Ayarzagüena y Mora, 2004), y que languidece más que muere cuando la cesura entre sociedad y arqueología se hace más que patente, con esta disciplina «secuestrada» por los departamentos universitarios, y bajo la tutela exclusiva de lo académico. Su resurrección coincide con el inicio del segundo ciclo de la arqueología española, cuyo momento de nacimiento puede situarse, quizás, en 1985, con la publicación de la Ley de Patrimonio Histórico

Español, y el desarrollo de la arqueología comercial española durante las décadas posteriores, como consecuencia de la regulación pública del patrimonio arqueológico, su estudio y su protección institucionalizados (Parga Dans, 2010: 84 y ss.). El máximo auge y desarrollo de este tipo de arqueología llega durante los últimos años noventa y la primera mitad del nuevo mileniogracias a la burbuja inmobiliaria, a la que tan ligada estuvo la arqueología comercial. La explosión de esta y la crisis del 2008 provocaron la muerte de la arqueología comercial desenfrenada. Hoy por hoy, podemos quizás entrever un momento de resurrección de la arqueología en nuestro país, una arqueología que debe ser distinta, que es comercial pero también social, y que intentaremos vislumbrar más adelante.

La arqueología comercial en España nace a raíz del establecimiento del corpus de leyes que se llevó a cabo en nuestro país a partir de los años ochenta destinadas a regular desde el Estado y las Autonomías —desde lo público— la protección y conservación del patrimonio arqueológico (Querol y Martínez, 1996; Díaz del Río, 2000; Rodríguez Temiño, 2004; Moya Maleno, 2009; Parga Dans, 2010). Este desarrollo normativo, que responde a la necesidad pública de protección y difusión del patrimonio —gestión patrimonial (Querol, 2010: 51)— tras décadas de destrucción del patrimonio arqueológico a manos del desarrollo urbanístico que experimentaba el país desde los sesenta, configura la necesidad de una nueva arqueología: la arqueología comercial (también llamada liberal, profesional, contractual o de empresa) (Moya Maleno, 2009: 10; Parga Dans, 2012: 89). Esta arqueología tomó cuerpo de forma acelerada y dio lugar a una nueva actividad económica desregulada, de límites imprecisos, que existía para hacer frente a la desbordante demanda de trabajo que requería la creciente actividad constructiva. La ausencia de recursos públicos y la ingente cantidad de trabajo hicieron que gran parte de las necesidades del sector público en gestión arqueológica (documentación, intervención, puesta en valor, consultoría, difusión, etc.) fueran satisfechas por el sector privado, dando lugar a un nuevo mercado de trabajo.

El desarrollo de este mercado de trabajo que conocemos como arqueología comercial fue, como decimos, extremadamente acelerado, aunque resulte complicado cuantificar de forma exacta la cifra de trabajadores ligados a él entre 2000 y 2008, años de mayor desarrollo del sector, debido a la falta de estudios estadísticos sistemáticos relacionados con la profesión. Se estima que cerca de 2400 personas estaban trabajando en 2008 en arqueología comercial en España (Parga Dans, 2012: 96) en un momento de euforia, una especie de *fiebre del oro*, que sacudió nuestro país espoleado por la burbuja inmobiliaria y la necesidad de las llamadas «intervenciones de urgencia» (esto es, trabajos de arqueología preventiva llevados a cabo en aquellas parcelas en las que se iban a levantar nuevas construcciones). Es significativo que en 2003 el entonces presidente del gobierno, José María Aznar (PP), se vanagloriara ante la prensa de que en 2014 se construirían en España «650 000 viviendas, el doble que en Francia y Alemania juntas» (Agencias, 2003). En el año 2007, por ejemplo, la Generalitat de Catalunya concedió 1592 permisos para intervenciones de urgencia, el 91,8 % del total; el 8,2 % restante, 142 intervenciones, fueron trabajos programados y de investigación (Moya Maleno, 2010: 11; Montañés, 2008). Y de aquellos polvos estos lodos. La arqueología comercial, que nació para asegurar justamente la protección y difusión del patrimonio arqueológico, tuvo que que hacer frente a tal cantidad de encargos en una posición de intereses contrapuestos y ritmo frenético que muchos restos arqueológicos fueron destruidos bajo el pretexto de que ya habían sido documentados y los trabajos de investigación, análisis y difusión de los hallazgos brillaron, en general, por su ausencia. Esto vino acompañado, además, de un creciente distanciamiento entre la arqueología académica que se llevaba a cabo desde los departamentos de las universidades y la arqueología comercial que se desarrollaba, fundamentalmente de forma preventiva, en estrecha relación con el sector de la construcción. Ni unos ni otros se reconocían y ambos sectores se creían poseedores del verdadero testigo del futuro de la arqueología: para los arqueólogos de empresa, los profesores universitarios se habían quedado anclados en el pasado y refugiados en torres de marfil que los alejaban de la verdadera arqueología, que se encontraba a pie de obra; para los profesores, en cambio, la arqueología de empresa únicamente se ocupaba de desenterrar de forma ordenada restos del pasado a cambio de dinero, dejando de lado cualquier interés investigador o de difusión. Ambos sectores, probablemente, tenían razón y estaban equivocados, pero no había tiempo, en el mundo de la burbuja inmobiliaria, de sentarse a discutirlo: era necesario seguir excavando al ritmo al que se seguía construyendo, y con las promotoras de las obras, además, cada vez más enfrentadas a unos arqueólogos a los que veían como el enemigo por frenar o ralentizar su obtención de ganancias.

Por suerte o por desgracia, a partir de 2008 explotó la burbuja del ladrillo en España, llegó la crisis económica que también afectaba de forma mundial al resto de países y esto significó el cese de la actividad constructiva y, por lo tanto, el freno a la demanda de los servicios que ofrecía la arqueología comercial. El sueño dorado de la construcción y de la arqueología en nuestro país llegó a su fin y muchos despertaron sin trabajo, endeudados y teniendo que echar el cierre a su empresa. Llegó el momento de la reflexión y la resaca.

El estudio realizado por Eva Parga y Rocío Varela con el Incipit-CSIC dentro del proyecto *Discovering the Archaeologists of Europe 2014* nos aporta datos esclarecedores: en un periodo de cuatro años (entre 2009 y 2013) desaparecieron el 42 % de las empresas de arqueología comercial en España y el 66 % de los empleos ligados a ellas. No es algo que, sin embargo, nos deba coger por sorpresa: la inmensa mayoría de los encargos que se pedían a estas empresas estaban relacionados con el sector de la construcción y con la inversión pública en infraestructuras y estos son dos de los ámbitos que más afectados se vieron por la crisis financiera que comenzó en 2008 (Parga Dans y Varela Pousa, 2014: 39). Además, las penurias económicas pusieron de relieve la pésima realidad laboral de los arqueólogos: la precariedad había sido la protagonista en el mundo de la arqueología comercial durante décadas (Moya Maleno, 2010: 10), no existían colegios de arqueólogos fuertes y competentes, no existía un código deontológico de la profesión y, de hecho, ni siquiera se trataba de una profesión titulada —hasta hace poco, cuando aparecieron los primeros grados de arqueología— ni estaba considerada como actividad económica para la Agencia Tributaria (Dupré, 1991: 311; Querol, 1998: 15; Querol, 2001; Moya Maleno, 2010: 13). La aparente situación de bonanza económica durante el *boom* de la construcción había impedido a los trabajadores organizarse y tomar conciencia de su inestable situación.

En este momento, un análisis de proporcionalidad directa podría indicarnos que para volver a reactivar el sector de la arqueología en España tendríamos que volver a impulsar los sectores de la construcción de vivienda y de la promoción de grandes infraestructuras públicas. Esto, probablemente, se esté intentando en estos momentos desde algunas esferas del pensamiento neoliberal pero, sin duda, no puede ser nuestra conclusión y nuestro objetivo. Si algo nos ha demostrado la crisis es que el desarrollo desenfrenado de una economía basada en el ladrillo no puede ser nunca garantía de un crecimiento sostenible y continuado en el tiempo. La concepción de una economía española basada en el turismo de sol y playa y en la industria del ladrillo que impulsaron varios gobiernos conservadores de nuestro país ha demostrado ser pan para hoy y hambre para mañana. Es imposible que un tejido social y económico se cimente con fuerza a base de pelotazos y macroproyectos urbanísticos (ciudades de la justicia, la cultura, etc., vacías y sin sentido; aeropuertos sin aviones; autopistas hechas a conveniencia de los constructores y no de los usuarios; macrourbanizaciones sin vida ni servicios; etc.) que demuestran ser, a medio plazo, origen del desfalco de dinero de todos los contribuyentes.

Gran parte de los arqueólogos españoles formamos parte, durante unos años, de este montaje especulativo, tanto como los albañiles, los fabricantes de azulejos o los carpinteros. No parece motivo suficiente para cargar las culpas de nuestra desgracia sobre nuestro sector porque, también es muy cierto, sin todos los arqueólogos que trabajaron desde sus empresas por la protección del patrimonio arqueológico durante estos años se habría perdido mucho más de lo que ya nos falta. Además debemos resaltar que el trabajo arqueológico realizado desde la esfera comercial por la arqueología preventiva fue muy positivo en algunos aspectos: nos permitió avanzar mucho en el desarrollo de la arqueología urbana y en el trabajo con estratigrafías complejas; demostró que la Academia no es la única forma de investigar y divulgar el patrimonio y que esto también se puede hacer desde el ámbito de la empresa privada y comprometida (aunque no siempre se pudiera llevar a cabo); puso de relieve la importancia de una constante actualización de los conocimientos técnicos de los trabajadores en arqueología; etc. (Moya Maleno, 2010: 11). Caso distinto es el de aquellos arqueólogos que, pudiendo trabajar por la protección del patrimonio, aprovecharon sus empresas, y la coyuntura laboral del momento, para adular a las constructoras escuchando más sus ofertas que el susurro de los restos arqueológicos bajo las palas de obra, fomentando la contratación y el trabajo precarios y contribuyendo todavía más a la destrucción del patrimonio bajo el pretexto de trabajar para su protección. Quiero creer que estos arqueólogos corruptos —que también los ha habido— fueron minoría y que el patrimonio perdido con su negligencia es mínimo en comparación con el que se pudo documentar correctamente pero, por desgracia, es fácil que nunca lo lleguemos a saber.

Y este es el momento en el que nos encontramos en la actualidad: la arqueología comercial, tal y como la conocemos, herida de muerte; la arqueología académica confusa y desorientada, desangrándose por la falta de fondos y buscando oxígeno; en medio de todo esto: estudiantes, profesionales, personas formadas —muy formadas— que buscan su lugar profesional. Como repite con frecuencia Zygmunt Bauman (De Querol, 2016; Pavón, 2009) siguiendo a Gramsci: «Estamos en un estado de interregno, entre una etapa en que teníamos certezas y otra en que la vieja forma de actuar ya no funciona».

Ante esto, sin embargo, no nos encontramos sin posibilidades. Al contrario, como reflexiona Parga Dans (2012: 97 y ss.), la arqueología española tiene varias oportunidades que debe saber aprovechar si quiere refundarse, reconstruirse, dar lugar a algo nuevo. Se trata de la resurrección de nuestra *patria arqueológica* de la que, a modo de metáfora, hemos hablado antes. La primera de ellas (1) está relacionada con la amplia cualificación de nuestros profesionales: licenciaturas —y ahora grados—, másteres, doctorados, especializaciones, cursos... una amplia mayoría de los trabajadores del mundo de la arqueología comercial española —y cada vez más del mundo de la arqueología académica— se han formado y siguen formándose en las más variadas disciplinas para tener una cualificación específica que les permita acceder a un mercado de trabajo cada vez más restringido. Esto hace que sea importante destacar la segunda oportunidad (2) que es que las empresas de arqueología deben funcionar como «empresas de conocimiento», técnicas y específicas, innovadoras y adaptadas a cada uno de los proyectos de forma personalizada. Todo esto aporta un valor añadido y hace que el sector pueda tener no solo importancia económica sino sobre todo importancia social y cultural. Esta puede ser otra de las grandes oportunidades de la arqueología española actual (3): reivindicar la disciplina no solo como un motor de creación de crecimiento económico gracias al impulso del turismo — que también— sino resaltar que la arqueología sirve de cohesionador social y de importante fuente de conocimiento histórico e identitario. Es necesario poner en valor las *rentabilidades* (social, cultural, pedagógica, pero también económica) frente a la *rentabilidad* (únicamente económica), romper de ese modo el pensamiento neoliberal monolítico en torno a lo económico para resaltar la importancia de ese valor añadido de la arqueología (Aparicio Resco, 2015). Otra de las oportunidades (4) es la importancia, como siempre resalta Parga Dans (2010; 2012), de la innovación entendida como «un proceso de transformación que trasciende el ámbito tecnológico y que se imbrica en la sociedad» (Parga Dans, 2012: 88). Este es uno de los aspectos en los que, probablemente, la crisis ha hecho más fuerte a la arqueología española: las distintas empresas y profesionales han tenido que diversificarse, especializarse y apostar por la originalidad y la innovación para salir adelante y buscar nuevas vías de trabajo: arqueología virtual y nuevas tecnologías; divulgación, difusión y puesta en valor; didáctica de la arqueología; socialización del patrimonio; formación específica a nuevos profesionales; diversificación de oferta de servicios; etc.

En todos estos aspectos, y quizás en muchos otros, hemos aprendido con la crisis y ahora debemos ser capaces de resaltar nuestras fortalezas para dar lugar a un nuevo episodio de la arqueología en España. Un nuevo episodio que debe ser más social, innovador, que ponga el acento en la generación de conocimiento, pero también más comprometido y laboralmente justo. En este sentido, ya están haciendo una importante labor asociaciones como AMTTA (Asociación Madrileña de Trabajadores y Trabajadoras en Arqueología) o el propio Colegio de Arqueólogos de Madrid que —aunque todavía depende del Colegio de Doctores y Licenciados en Filosofía, Letras y Ciencias— se ha tomado muy en serio su labor de protección, ayuda y punto de encuentro de trabajadores de arqueología.

## Arqueólogos mercenarios: precariado, inestabilidad y exilio

Pongamos, sin embargo, los pies de nuevo sobre la tierra. La efectiva destrucción de empresas de arqueología y el freno a la contratación por parte de aquellas que aún resisten en pie hace hace muy complicada esta salida para un arqueólogo en paro —tanto si es recién graduado como si posee una mochila con años de experiencia en el sector—; la entrada en el mundo de la universidad, colaborando con un departamento que permita a los nuevos profesores formarse, investigar, adquirir experiencia docente y poder acceder finalmente a una plaza fija es poco menos que un sueño utópico para la inmensa mayoría de los graduados. La opción más común entre aquellos que quieren encontrar trabajo dentro del campo para el que han estudiado es... seguir estudiando. Formarse hasta que vengan tiempos mejores. Confiar en que la crisis pasará y que la formación acumulada en los más variados campos servirá para poder acceder al mercado de trabajo. No todos, sin embargo, pueden permitirse esto, y deben tomar caminos más complicados: el abandono, en la práctica, de la arqueología y la integración otros campos laborales que no precisan cualificación — véanse McDonald's y sucedáneos—; la búsqueda de suerte como trabajador autónomo, autoempleado en un mundo en el que la competencia feroz hace desesperante cualquier batalla; o directamente el exilio, la huída de España, como ha ocurrido con buena parte de nuestros jóvenes en los últimos años —no en vano, este país es hoy en día fuente de emigrantes y no receptor de inmigrantes— (Sánchez, 2015).

El primero de los grandes dramas de buena parte de los arqueólogos es la búsqueda de empleo. Pese a que carecemos de datos específicos sobre arqueólogos en paro —y esto es especialmente sangrante para analizar la situación de aquellos de mayor edad— podemos hacernos una idea de la situación del sector a partir de la inserción laboral de aquellos licenciados en los primeros cuatro años después de obtener el título de Historia —y tomaremos como muestra a los historiadores por ser los datos estadísticos muy similares a los de los historiadores del arte o los filólogos, disciplinas de las que también pueden salir muchos arqueólogos—. Podemos analizar la inserción laboral de los licenciados en Historia en el curso 2009-2010 a los cuatro años de haberse titulado, es decir, en 2014 —cuando, además, la mayoría ya han cursado estudios de máster o especializaciones específicas— gracias a los últimos estudios sobre inserción laboral de la Conferencia de Consejos Sociales (CCS, 2014) y del Instituto Nacional de Estadística (INE, 2015).

De ellos se desprende una dramática situación: de todos los licenciados en Historia —en total 1943—, el 88,7 % admite haber trabajado alguna vez; de ellos, solo el 40,9 % cree que el título le ha servido para encontrar trabajo. Es decir, solo el 36,3 % del total de los titulados cree que el título le ha sido útil para poder trabajar en algún momento. Solo el 54 % de los historiadores licenciados en 2009-2010, sin embargo, se encuentra trabajando en la actualidad (INE, 2015). De esto se puede deducir, que entre los historiadores licenciados entonces, solo en torno al 22 % está trabajando en algo relacionado con su formación. O, dicho de otro modo, cuatro de cada cinco historiadores licenciados en 2009-2010 no encuentra trabajo dentro de su disciplina. Bien es cierto que no todos los historiadores son arqueólogos—un 26 % de los alumnos de Historia de Castilla-La Mancha se decantan por esta salida profesional como principal opción de trabajo (AJHISCAM 2008)— pero creo que esta encuesta refleja bastante bien la dramática situación laboral en la actualidad de las disciplinas afines a las humanidades entre las que se encuentra, también, la arqueología. La tasa de afiliación a la seguridad social (es decir, aquellos que están cotizando al Estado) de los licenciados en historia, filosofía e historia del arte en 2009-2010 se encuentra, según la CCS, prácticamente 20 puntos porcentuales por debajo de la media (45 % frente a 64,4 %), lo que nos indica la situación de crisis que atraviesa el sector (CCS, 2014: 20). Además, como también destaca la CCS, aquellos sectores con menor tasa de afiliación a la seguridad social se corresponden también con empleos de mayor temporalidad, o lo que es lo mismo, para los licenciados en historia, filosofía e historia del arte el empleo no solo es menor sino que también es más inestable (CCS, 2014: 27). En este sentido es importante atender a otro dato: en 2011 el porcentaje de Licenciados en Historia (2009-2011) que encontró trabajo indefinido fue un 54,6 % mientras que en 2014 fue un 39,5 %. Es decir, durante los cuatro años que van de 2011 a 2014 se ha invertido la situación y ahora la mayoría de los empleos que encuentran los licenciados en Historia son temporales (CCS, 2014: Anexo III), indicador de las grandes dosis de precarización laboral que afectan del mismo modo al arqueólogo. En cuanto a la cotización anual, también se observa una evolución que indica el progresivo deterioro de los salarios: en 2011 la base media de cotización anual era de 23.734,90 € mientras que en 2014 se encuentra en 20.113,76 € (CCS, 2014: Anexo V). En definitiva: menos trabajo para los historiadores y el que existe temporal y mal pagado. Entre estos historiadores —e historiadores del arte, y filólogos, etc.— precarios se encuentran los arqueólogos, peleando por mantener a flote una disciplina que consideran necesaria para toda la sociedad y dándose de bruces, en muchas ocasiones, con la realidad: la obligación de buscar otro trabajo para el que no están preparados —en cadenas de alimentos, fábricas, ETT (Empresas de Trabajo Temporal), etc.— y así poder mantener a su familia con el poco dinero que puedan ganar en él.

El segundo drama laboral al que se enfrentan los arqueólogos llega ante la imposibilidad de encontrar trabajo mediante contrato por parte de alguna empresa o de la administración pública —debido a la falta de convocatorias de funcionariado público, y a las pocas plazas ofertadas, las oposiciones resultan a veces oportunidades imposibles; además, debemos recordar que en España no existe un importante cuerpo público de arqueólogos porque tradicionalmente las administraciones han funcionado subcontratando empresas privadas de arqueología—. Llegados a este punto, aquellos que pueden permitirse perder tiempo y dinero en primera instancia, aquellos que no tienen a su cargo una familia, tienen la posibilidad de alistarse en el cuerpo oficial de arqueólogos mercenarios: el axfisiante régimen de autónomos de nuestro país. La mentalidad neoliberal defiende una suerte de individualismo empresarial con tintes de *western* mediante eslóganes que impulsan a que la gente emprenda, que se haga a sí misma, que se convierta en su propia empresa y sea su propio jefe, dedicándose a ganar suculentos millones compitiendo con sus vecinos. Esta suerte de sueño *a la americana* es defendido en España por los mismos que ponen impresionantes trabas para aquellos que deciden inscribirse en el régimen de autónomos de Hacienda. La revista económica Forbes recogía hace poco las dificultades a las que se debe enfrentar quien decide hacerse autónomo (Matesanz, 2015): son necesarios hasta 10 trámites, una media de 23 días laborables de espera, gastándose alrededor de un 4,7 % de la renta del emprendedor en trámites burocráticos, con cuotas mensuales mínimas abusivas que llegan hasta los 265 € con independencia de que se ingrese o no un solo céntimo, etc. Todos estos factores llevan a España a encontrarse en el puesto 142 de 189 entre los países con facilidad para crear negocios (Mars, 2013), y a los arqueólogos que deciden hacerse autónomos a hacerlo con serias dificultades para llegar a fin de mes y sacar adelante su trabajo. Este injusto sistema obliga, en ocasiones, a llevar a cabo prácticas de dudosa moralidad y legalidad como trabajar en negro, concentrar facturas en el mes en el que estás dado de alta y rescindir el alta durante el resto del trimestre, o permitir a las empresas utilizar la figura del «falso autónomo» para ahorrarse costes en seguridad social y contratación real.

En la práctica, los arqueólogos que deciden trabajar como autónomos son mercenarios en busca de encargos, proyectos y contratantes puntuales. Mercenarios en el sentido más estricto de la palabra que, sobre todo en tiempos de crisis, se ven obligados a aceptar trabajos a cambio de retribuciones irrisorias si quieren ingresar más de lo que pagan a Hacienda. Esto lleva a la instauración de una competencia a la baja donde se termina adjudicando los proyectos no a aquellos que ofrecen mejor calidad sino a los que realizan el trabajo a menor coste económico, con la consecuente devaluación de los trabajos que llevan a cabo estos arqueólogos, algo que perjudica a todo el sector y a la sociedad en su conjunto. Si los arqueólogos mercenarios —que además pueden trabajar como dibujantes, diseñadores, editores, redactores, profesores, etc., lo que sea por tener ingresos para vivir— son honestos y justos con sus presupuestos, si mantienen un estándar de calidad y unos precios consecuentes a sus productos —ya todo, en la sociedad de mercado neoliberal, es producto—, tienen altas probabilidades de verse obligados a echar el cierre a sus pequeños proyectos y a volver al paro, a trabajar en negro o a acabar regentando *una floristería* (Guerra, 2011) —y perdonen los *floristeros*—. A esto se suma, por supuesto, la inestabilidad y la desprotección laboral de los autónomos: no saben si van a cobrar pero tienen claro que, de hacerlo, lo más seguro es que sea con retraso, quizás de meses, y que en su lugar de trabajo —

normalmente su propio domicilio— se van a encontrar frecuentemente solos para denunciar cualquier irregularidad, cualquier situación laboral injusta. Lo que saben con seguridad, sin embargo, es que las cadenas que les atan a las arcas públicas siguen firmes mes a mes, pasando el impuestazo a la cuenta de turno sin importar los ingresos del trabajador y que cada tres meses deberán pagar el IVA por aquellas facturas presentadas, las hayan o no cobrado.

Si nada de esto funciona, si encontrar trabajo ha sido una quimera imposible y la aventura del mercenariado autónomo se trunca, siempre quedan otras tres salidas: *por tierra, por mar y por aire*, como se suele ironizar en los últimos tiempos. Es decir, el exilio. No es una idea descabellada o una solución tan extrema como podríamos pensar: el informe INNOVACEF 2015 manifiesta que un 70,03 % de los jóvenes investigadores que residen en España tiene altas posibilidades de marcharse al extranjero (CEF, 2015) y cientos de arqueólogos han emprendido este camino trasladándose a trabajar a Alemania, Inglaterra, América Latina u otros lugares donde encuentran más posibilidades para desarrollar su profesión. No solo eso, este mismo informe afirma que los científicos españoles están mucho mejor valorados en el extranjero que en nuestro país, lo que realmente es una pena dada tanto la calidad de nuestros investigadores como el dinero público que el Estado español ha invertido en formarlos. Parece, sin embargo, que en los últimos años se ha instalado poco a poco una mentalidad —sin duda propiciada por los grandes medios de comunicación— en la que se valora más al que consigue resultados a corto plazo, casi inmediatos y, sin duda, sorprendentes, que a aquel que necesita varios años de estudio e investigación para lograr sus resultados, que se presentan a medio y largo plazo —estos, objetivamente, más provechosos para el desarrollo humano—. Pese a todo lo expuesto anteriormente, desde el Ministerio de Empleo y Seguridad Social del gobierno de Mariano Rajoy (PP) que dirigió el país entre 2011 y 2015, se realizaron declaraciones que apuntaban que la emigración juvenil, el exilio de nuestros investigadores y profesionales, se debe al —literalmente-

«impulso aventurero propio de la juventud» (Rodríguez, 2012). Ante estas vergonzosas declaraciones que buscan esconder bajo la alfombra un problema tan acuciante, no han faltado las críticas: «Los jóvenes emigrantes españoles no son Indiana Jones», titulaba Guillermo Rodríguez, ni siquiera aunque sean arqueólogos, apostillo yo. Esta realidad esconde una cara social muy negativa: la necesidad de emigrar por parte de nuestros jóvenes contribuye a su falta de seguridad laboral e imposibilita tanto que estos puedan aportar ingresos vía impuestos al Estado que les ha formado como, lo que es peor, que puedan siquiera plantearse formar una familia y organizar un proyecto de vida estable.

Como vemos, pese a que en un principio hemos puesto sobre la mesa las oportunidades de la actual arqueología española, las sombras y dificultades son enormes y nos deben permitir reflexionar sobre su origen, que radica en el tipo de mundo que estamos creando y, en esencia, en la ideología hegemónica predominante: el neoliberalismo.

## De arqueólogos a mercaderes: el neoliberalismo y sus sombras

En 2014, la multinacional china Wanda compró al Banco Santander el madrileño Edificio España, el primer rascacielos levantado en toda Europa. El grupo chino pretendía su transformación, bajo la dirección de los arquitectos Norman Foster y Carlos Lamela, en un hotel, un centro comercial y unas 300 viviendas de lujo (Coello, 2014). El edificio estaba protegido con un nivel 3 parcial por su valor histórico-artístico y el gobierno de la Comunidad de Madrid (PP, un partido de derecha neoliberal conservador) rebajó su nivel de protección para facilitar su reforma, aunque obligó a preservar aquellas partes que tuvieran importancia histórico-artística, afectando principalmente a la fachada. En Julio de 2015, el grupo Wanda pidió al Ayuntamiento de Madrid (gobernado desde 2015 por Ahora Madrid, una coalición de izquierdas) desmontar por completo la fachada alegando problemas de seguridad. Esta solicitud fue rechazada por el Ayuntamiento, que aportó informes de servicios municipales y dos estudios de expertos que avalaban la posibilidad de reformar el edificio sin tirar abajo la fachada. La Comunidad de Madrid (PP) y el Ayuntamiento (Ahora Madrid) señalaron, además, que cualquier proyecto debía respetar la protección íntegra de los elementos protegidos. En enero de 2016, ante la sorpresa de muchos, el grupo Wanda informó a través de los medios de comunicación de que se estaba planteando abandonar el proyecto por los costes que supondría la remodelación del edificio. Quizás se tratara de una estrategia de la multinacional para presionar a las administraciones públicas y así lograr que finalmente cedieran y permitieran el desmontaje completo de la fachada abaratando, de ese modo, los costes del proyecto. Lo relevante es que, en ese momento, los distintos partidos se retrataron: Esperanza Aguirre (PP), expresidenta de la Comunidad, Cristina Cifuentes (PP), presidenta de la Comunidad y Begoña Villacís (C's, partido de derecha neoliberal), denunciaron que la izquierda (Ahora Madrid) estaba obstaculizando la posibilidad de que una gran empresa como era Wanda invirtiera en Madrid, con los beneficios económicos y los puestos de trabajo que esto podría suponer para la capital madrileña. Dejando de lado las patentes contradicciones de la derecha al proteger en un principio la fachada del edificio y posteriormente criticar su protección, sorprende la facilidad de aquellos con mentalidad neoliberal para sacrificar cualquier cosa en el altar del beneficio económico si el dios mercado así lo solicita. No importa que de por medio se encuentre la ley y un elemento patrimonial que hay que proteger: si es necesario para crecer económicamente no importa decrecer en otros sentidos (cultural, social, patrimonial) y tirar abajo la fachada del primer rascacielos de Europa. La derecha neoliberal se plegará sin miedo ante los intereses económicos — así lo han dejado claro en este caso y en tantos otros—. El Ayuntamiento, pese a todo, parece seguir firme, a día de hoy, en su compromiso de proteger la fachada del Edificio España, tal y como dicta la ley y, diríamos, el sentido social, democrático y cultural del pueblo madrileño.

Este ejemplo, por desgracia, no es una excepción: hemos asistido en los últimos años a la institucionalización de la destrucción del patrimonio si esta significaba beneficios para las constructoras y para las grandes inversiones, desde la propuesta de modificación para la Ley de Patrimonio de la Comunidad de Madrid, finalmente rechazada por el Tribunal Constitucional gracias a la presión de asociaciones como AMTTA (Asociación Madrileña de Trabajadores y Trabajadoras en Arqueología), a las destrucciones efectivas de yacimientos protegidos con la realización de grandes infraestructuras, como la autopista M-30 de la capital (Soler Rocha, 2014, 2015). Esta destrucción se enmarca dentro de de una concepción ideológica de la realidad conocida como *neoliberalismo*.

El neoliberalismo es la filosofía económica y política que ha dominado el pensamiento occidental durante los últimos 25 años, tiene su origen en la Escuela de Economía de Chicago —cuyos principales referentes son los economistas Milton Friedman, Ronald Coase y Gary Becker— y fue puesta en práctica de forma extensiva a partir de los gobiernos de Margaret Thatcher en Reino Unido y Ronald Reagan en EEUU (Palley, 2005). Al contrario que el liberalismo, que teóricamente buscaba un poder político limitado, que interviniera de forma mínima en la vida de los ciudadanos para que las fuerzas de la oferta y la demanda creasen las condiciones necesarias para el libre intercambio entre personas libres e iguales, el neoliberalismo aboga por el reforzamiento del Estado y mayores capacidades de intervención de este no para defender a los ciudadanos sino, al contrario, para crear el marco propicio en el que el mercado —ya convertido casi en algo divino— pueda desarrollarse (Moreno González, 2015). De este modo, el mercado no es ya algo natural sujeto al *laissez faire* –(«dejar hacer») como pensaban los liberales, sino un ente artificial que debe ser sustentado gracias a las políticas de Estados fuertes dedicados a mantener este marco de intercambio bajo la premisa de que el crecimiento del mercado revierte en el crecimiento de la riqueza de los Estados que, a su vez, se distribuye entre toda la población de estos. Para ello se llevan a cabo políticas basadas en principios muy conocidos: la estabilidad presupuestaria y monetaria; la formación de los ciudadanos en dinámicas de competitividad adecuadas al mercado; los llamados ajustes, reformas o, directamente, recortes —políticas de austeridad— que permiten el crecimiento endémico del mercado a costa del adelgazamiento de los servicios sociales; etc. Sin embargo, tal y como explica Martha C. Nussbaum (2010: 36), la práctica del neoliberalismo demuestra que el crecimiento económico —la orgía de los mercados— no revierte necesariamente en una mejora en la calidad de vida de la mayoría de la población:

> En algunas ocasiones, los defensores del viejo modelo argumentan que la búsqueda del crecimiento económico redundará por sí misma en otros beneficios que mencionábamos, como la salud, la educación y la disminución de la desigualdad socioeconómica. Sin embargo, al estudiar los resultados de cada uno de estos experimentos hemos descubierto que el viejo modelo no deriva de manera concreta en esos beneficios. Los avances en materia de salud y educación, por ejemplo, guardan una muy escasa correlación con el crecimiento económico. Por otra parte, la libertad política tampoco sigue el camino del crecimiento, como se puede observar en el caso notable de China. Por lo tanto, producir crecimiento económico no equivale a producir democracia, ni a generar una población sana, comprometida y formada que disponga de oportunidades para una buena calidad de vida en todas las clases sociales.

La mentalidad que está creando el neoliberalismo, como corriente político/económica hegemónica en la actualidad, es la de un mundo en el que todo gira en torno a la compra-venta de productos. Vivimos en un gran mercado en el que, como ya hemos indicado más arriba, se enseña que la única rentabilidad posible es la económica, que todas nuestras acciones deben estar enfocadas al crecimiento —que, por supuesto, también es exclusivamente económico— y que la forma para conseguir este crecimiento es la competición. Esta forma de pensamiento choca frontalmente contra la arqueología entendida como un valor colectivo social, cultural, histórico y, por qué no, también económico. El filósofo italiano Nuccio Ordine refleja muy bien en su pequeño tratado *La utilidad de lo inútil* (2013: 28 y 133) la necesidad de alejarnos del crecimiento económico como fin exclusivo para crecer como sociedad en otros valores más importantes:

> El hecho de ser inmune a toda aspiración al beneficio [económico] podría constituir, por sí mismo, una forma de resistencia a los egoísmos del presente, un antídoto contra la barbarie de lo útil (...). La posesión y el beneficio matan, mientras que la búsqueda, desligada de cualquier utilitarismo, puede hacer a la humanidad más libre, más tolerante y más humana.

En este mismo libro, Ordine nos recoge parte de una conferencia que el también filósofo, en este caso rumano, Eugène Ionesco impartió en 1961 y que no nos resistimos a dejar de reproducir aquí dada la vigencia que tienen sus palabras:

> Mirad las personas que corren afanosas por las calles. No miran ni a derecha ni a izquierda, con gesto preocupado, los ojos fijos en el suelo como los perros. Se lanzan hacia delante, sin mirar ante sí, pues recorren maquinalmente el trayecto, conocido de antemano. En todas las grandes ciudades del mundo es lo mismo. El hombre moderno, universal, es el hombre apurado, no tiene tiempo, es prisionero de la necesidad, no comprende que algo pueda no ser útil; no comprende tampoco que, en el fondo, lo útil puede ser un peso inútil, agobiante. Si no se comprende la utilidad de lo inútil, la inutilidad de lo útil, no se comprende el arte. Y un país en donde no se comprende el arte es un país de esclavos,

de robots, un país de gente desdichada, de gente que no ríe ni
sonríe, un país sin espíritu; donde no hay humorismo, donde
no hay risa, hay cólera y odio (citado en Ordine, 2013: 74).

Como ya he reivindicado en otros espacios, creo que, si no se entiende
la utilidad de lo inútil tampoco se entiende —como el arte— la arqueología
(Aparicio, 2015). La nueva arqueología que queremos construir debe huír
de una consideración exclusivamente económica, donde los beneficios
se miden exclusivamente en euros y turismo. Es necesario reivindicar
el *decrecimiento* como forma de construcción de la sociedad en la que
importen las humanidades —entre ellas la arqueología— por su capacidad
para impulsar el trabajo colectivo, la tolerancia, la solidaridad y el
conocimiento desinteresado de nuestra Historia.

Pese a que se podrían recordar muchos de los peligros que tiene
hacer arqueología en un mundo neoliberal, nos podemos quedar con
dos muy ilustrativos. En primer lugar, la percepción por parte de gran
parte de la población de que los arqueólogos son un estorbo porque
fundamentalmente paralizan obras. No se entra en la importancia
histórica de los restos arqueológicos que propicien esas paralizaciones,
ni en lo beneficioso de su estudio para el desarrollo social y cultural de
la población. Simplemente se muestra al arqueólogo como el enemigo
del crecimiento y el desarrollo. Así, es frecuente encontrar titulares en
prensa como estos: «Los hallazgos arqueológicos retrasan un mes las
obras de la travesía de Jesús» (Palomo, 2016), «El hallazgo de unos restos
arqueológicos paraliza las obras del nuevo túnel de La Pilarica» (Amo,
2016), etc.; todos ellos acompañados de furibundos comentarios en
redes sociales señalando a los arqueólogos como los causantes de todos
los males. En segundo lugar encontramos el uso de la arqueología con
fines exclusivos de *espectáculo*. Es el caso, por ejemplo, de la excavación
de los restos de Miguel de Cervantes llevada a cabo durante el año 2014
y 2015 (Fraguas y Manrique, 2015), que conllevó un gran dispendio de
dinero público por parte del Ayuntamiento de Madrid (por entonces en

manos del PP): el objetivo era encontrar los restos del literato donde ya se sabía que estaban para utilizarlos como reclamo turístico y así conseguir engrosar las arcas municipales. El destino, por suerte, fue feroz y los restos de cervantes se hallaron en la iglesia de las Trinitarias de Madrid mezclados con otros tantos en un estado de reducción, haciendo casi imposible la identificación del manco de Lepanto y librando a su cadáver de convertirse en reclamo publicitario al servicio del dinero. Sus libros, sin embargo, siguen cada día más empolvados por las políticas de recortes del mismo partido que quiso hacer caja con sus huesos.

## Conclusión

En este pequeño relato de la realidad poliédrica de nuestra arqueología comercial hemos sobrevolado miserias y oportunidades. Será necesario quedarnos con estas últimas para construir una nueva arqueología que sea rica en valores y no valorada únicamente por sus posibilidades de creación de riqueza. Más bien necesitamos una arqueología que entienda en plural la riqueza y que impulse, sobre todo, la social y la cultural, sirviendo de engranaje para poner en marcha iniciativas de arqueologías «desde abajo», es decir —como reivindica Gonzalo Ruiz Zapatero—, «proyectos arqueológicos populares, más democráticos e inclusivos y que se esfuercen por ofrecer visiones críticas y abiertas a la evaluación de los ciudadanos» (Ruiz Zapatero, 2015). Además, como ya hemos destacado, debe ser una arqueología que camine de la mano de la innovación y la diversificación, cimentando alternativas públicas y privadas donde prime el trabajo colectivo y la cooperación en detrimento de la competición. Es fundamental que los arqueólogos españoles aprovechemos nuestra formación, muy amplia y específica, así como nuestra experiencia en proyectos y estancias en el extranjero, para construir una arqueología española capaz de ser determinante y pionera en el ámbito nacional e internacional. Ya estamos demostrando que esto es posible en campos como la arqueología virtual, en el que el desarrollo de nuevas experiencias formativas (como los cursos y másteres organizados por Patrimonio Virtual, por la UBUabierta, etc.), de nuevas asociaciones (como ADARQ), de nuevas revistas (como Virtual Archaeology Review o Schema), y de nuevas pequeñas empresas –(como Baluarte o Virtua Nostrum) están permitiendo al sector situarse a la cabeza de las iniciativas en Europa y otros lugares del mundo. Todo esto debe hacerse desde la consolidación de una conciencia profesional a la que aún no hemos llegado: es necesario luchar para que el trabajo del arqueólogo sea valorado y respetado, para que no se considere un *hobby* o un pasatiempo aventurero. Esto se puede conseguir impulsando trabajos de arqueología pública (Almansa Sánchez, 2013) y llevando a cabo estrategias de arqueología en directo (Andreu Pintado, 2014; Aparicio Resco, 2014) que ya están resultando muy útiles para implicar a la población en el aprecio hacia su patrimonio, que finalmente revierte en su puesta en valor, su conservación y su difusión.

En definitiva, no es el objetivo de este artículo desmoralizar ni hundir a los arqueólogos en el pesimismo, sino servir de gota de agua que, sumada a muchas otras, consiga mitigar el incendio. Espero que esta pequeña contribución permita al lector evitar caer en los errores del pasado, analizar de forma crítica el presente y construir con paso firme el camino hacia la arqueología del futuro. Cojamos el testigo y pongámonos manos a la obra. Está en nuestras manos que esta sea mejor, más digna y humana.

## Referencias

AGENCIAS. 2003. «Aznar prevé que se construyan en España 650.000 viviendas en 2004, más que en Francia y Alemania juntas». *El Mundo*, 27-10-2003.

AJHISCAM (Asociación de Jóvenes Historiadores de Castilla-La Mancha). 2008. «Encuesta: ¿Tras acabar tus estudios universitarios, en qué piensas trabajar?». *Ancestros*, 1, 31.

ALMANSA SÁNCHEZ, J. 2013: *Arqueología pública en España*. JAS Arqueología: Madrid.

AMO, L. 2016. «El hallazgo de unos restos arqueológicos paraliza las obras del nuevo túnel de La Pilarica». *El Día de Valladolid*, 12-1-2016.

ANDREU PINTADO, J. 2014. «Arqueología en directo: canales de comunicación y transferencia de resultados en la investigación sobre patrimonio arqueológico: La ciudad romana de "Los Bañales" (Uncastillo, Zaragoza)». En Baraibar, A. (ed.): *Visibilidad y divulgación de la investigación desde las Humanidades digitales. Experiencias y proyectos*, Servicio de Publicaciones de la Universidad de Navarra, Colección BIADIG (Biblioteca Áurea Digital): Pamplona, 22, 17-41.

APARICIO RESCO, P. 2015. «La arqueología inútil y la muerte de la rentabilidad». En Saéz de la Fuente, I.; Tejerizo García, C.; et al. (Coords.): *Arqueologías sociales. Arqueología en sociedad. Actas de las VII Jornadas de Jóvenes en Investigación Arqueológica*. Vitoria-Gasteiz, 359-362.

APARICIO RESCO, P. 2014. «Caminos y trampas de la divulgación de la arqueología en directo. El caso del Horno de Montesa (Valencia)». *Tejuelo*, Monográfico Nº9, *Educación y socialización del patrimonio en el medio rural*, 835-847.

AYARZAGÜENA SANZ, M.; MORA RODRÍGUEZ, G. (Coords.). 2004. *Pioneros de la arqueología en España. Del siglo XVI a 1912*. Museo Arqueológico Regional: Alcalá de Henares.

CCS (Conferencia de Consejos Sociales). 2014. *Inserción laboral de los egresados universitarios. La perspectiva de la afiliación a la Seguridad Social*. Ministerio de Ecudación, Cultura y Deporte.

CEF (Centre for Financial Studies). 2015. Se presenta el informe INNOVACEF 2015. *Blog de Actualidad*, Web del CEF.

COELLO, C. 2014. «Dalian Wanda ratifica la compra a Banco Santander del Edificio España». *Alimarket*, 5-6-2014.

DE QUEROL, R. 2016. «Zygmunt Bauman: "Las redes sociales son una trampa"». *El País*, 9-I-2016.

DÍAZ DEL RÍO, P. 2000. «Arqueología comercial y estructura de clase». En *Gestión Patrimonial y Desarrollo Social* (M. Bóveda coord.), CAPA, 12. Universidad de Santiago de Compostela: Santiago de Compostela, 7-18.

DUPRÉ RAVENTÓS, D. 1991. «Una oportunitat per reflexionar entorn de la nostra desidia com a collectiu professional». *Revista d'Arqueologia de Ponent*, Nº 1, 311-313.

FRAGUAS, R., y MANRIQUE, W. 2015. «Los restos de Miguel de Cervantes: preguntas y respuestas». *El País*, 18-3-2015.

GRAMSCI, A. 2013. *Antología*. Akal: Madrid.

GUERRA GARCÍA, P. 2011. «De cómo empezamos trabajando como arqueólogos y terminamos en una floristería». En Almansa Sánchez, J.: *El futuro de la arqueología en España*, JAS Arqueología: Madrid.

INE (Instituto Nacional de Estadística). 2015. *Encuesta de Inserción Laboral de Titulados Universitarios 2014. Avance de Resultados.*

NUSSBAUM, M. C.2010. *Sin fines de lucro. Por qué la democracia necesita de las humanidades.* Katz Editores: Madrid.

MARS, A. 2013. «España cae al puesto 142ª de 189 entre los países con facilidad de crear negocios». *El País*, 29-10-2013.

MATESANZ, V. 2015. Autónomo en España… ¿Vale la pena? *Forbes*, 5-42015.

MONTAÑÉS, J. A. 2008. «La crisis llega al subsuelo catalán». *El País*, 6-10-2008.

MORENO GONZÁLEZ, G. 2015. «El neoliberalismo antiliberal». *eldiario. es*, 24-6-2015.

MOYA MALENO, P. 2010. «Grandezas y miserias de la arqueología de empresa en la España del s. XXI. *Complutum*, Vol. 21 (1), 9-26.

TANTALEÁN, H.; AGUILAR, M. 2012. *La arqueología social latinoamericana. De la teoría a la praxis*. Universidad de los Andes.

OLALLA, P. 2015. *Grecia en el aire*. Acantilado: Madrid.

PALLEY, T. I. 2005. «Del keynesianismo al neoliberalismo: paradigmas cambiantes en economía». *Economía UNAM*, Nº4, 138-150.

PALOMO, R. J. 2016. «Los hallazgos arqueológicos retrasan un mes las obras de la travesía de Jesús». *Periódico de Ibiza*, 14-1-2016.

PARGA DANS, E. 2010. *Innovación y emergencia de un servicio intensivo en conocimiento: el caso de la arqueología comercial*. Tesis doctoral, Santiago de Compostela, 2010.

PARGA DANS, E. 2012. «Estructura y desafíos de la arqueología comercial en España. Un proceso de innovación social». *Revista d'Arqueologia de Ponent*, nº22, 87-100.

PARGA DANS, E.; VARELA POUSA, R. 2014. «Caracterización de la arqueología comercial en España». *Discovering the Archaeologist of Europe*, Incipit-CSIC.

PAVÓN, H. 2009. «Entrevista a Zygmunt Bauman. Un mundo nuevo y cruel». *Revista Ñ*, 18-7-2009.

PÉREZ VEJO, T. 2015. *España imaginada. Historia de la invención de una nación*. Galaxia Gutenberg: Barcelona.

QUEROL FERNÁNDEZ, M. A.; MARTÍNEZ DÍAZ, B. 1996. *La gestión del patrimonio arqueológico en España*. Alianza: Madrid.

QUEROL FERNÁNDEZ, M. A. 1998. «La Arqueología en las universidades españolas». *PH*, N° 22, 15-18.

QUEROL FERNÁNDEZ, M. A. 2001. «La formación y la profesión del arqueólogo». *PH*, N° 37, 32-34.

QUEROL FERNÁNDEZ, M. A. 2010. *Manual de Gestión del Patrimonio Cultural*. Akal: Madrid.

RODRÍGUEZ, G. 2012. «Los jóvenes emigrantes españoles no son Indiana Jones». *El Huffington Post*, 1-12-2012.

RODRÍGUEZ TEMIÑO, I. 2004. *Arqueología urbana en España*. Ariel: Barcelona.

RUIZ ZAPATERO, G. 2015. «¿Qué son arqueológicas de élite y arqueologías desde abajo? *La Marea*, 10-1-2015.

SÁNCHEZ, A. 2015. «La emigración de españoles bate el record desde el inicio de la crisis». *El País*, 4-12-15.

SOLER ROCHA. 2014. «Deconstruyendo el mito de Indiana Jones: La Arqueología Profesional en España (I)». *Tempora Magazine*, 13-10-2014.

SOLER ROCHA. 2015. «Deconstruyendo el mito de Indiana Jones: La Arqueología Profesional en España (II)». *Tempora Magazine*, 12-1-2015.